COLECCIÓN

DIDASKALOS

COLECCIÓN

DIDASKALOS
n.º 14

Dirigida por:
LUIS GRANADOS GARCÍA

LUIS GRANADOS – IGNACIO DE RIBERA
(eds.)

EL MISTERIO DE LA FECUNDIDAD:

LA COMUNICACIÓN DE SU GLORIA

Prólogo de D. Alfonso López Quintás

Monte Carmelo   didaskalos

Diseño de la portada por Virginia Wollstein

© 2013 by Discípulos de los Corazones de Jesús y María
© 2013 by Editorial Monte Carmelo
Paseo del Empecinado, 1; Apdo. 19 – 09080 – Burgos
Tfno.: 947 25 60 61; Fax 947 25 60 62

http://www.montecarmelo.com
editorial@montecarmelo.com

Impreso en España. Printed in Spain
I.S.B.N.: 978-84-8353-596-7
Depósito Legal: BU-358-2013
Impresión y Encuadernación: Create Space

A Carmen González Lodares
Con gratitud

SUMARIO

C. El hogar de la fecundidad: la comunión

PRÓLOGO

Prologar este libro no significa sólo presentar unos escritos; supone adentrarse en un campo donde la vida brota a borbotones y se nos hace sentir el alto valor de la fecundidad, su carácter dialógico y comunitario, su vinculación con el amor, su condición originaria, su afinidad con la diligencia y la voluntad de transfiguración. Temas que *dan alas al espíritu*, como diría el gran Platón.

Con bello estilo y afán de clarificar las cuestiones de modo sugestivo, los autores nos invitan a descubrir la importancia de la fecundidad en diversas vertientes: la potente palabra divina, la familia abierta al prodigio de la vida, la comunidad religiosa... Al tiempo que describen sus temas, los autores ponen en vibración nuestra capacidad imaginativa y nos ayudan a descubrir la riqueza de nuestra existencia. Nos vemos llamados a ser fecundos en la vida diaria, por cuanto nuestro ser es fruto de una llamada generosa, y nos pide una respuesta de agradecimiento. Desde el principio, estamos encauzados por el fecundo esquema *apelación-respuesta*, que nos orienta hacia el acontecimiento de encuentro, por el que pasan las vías más fértiles de la fecundidad humana.

Al advertir que la palabra auténtica es *el vehículo por excelencia del encuentro*, descubrimos con asombro que la palabra dicha con amor no sólo comunica algo; antes que nada, crea. La función primera y primaria de la palabra es la de crear realidades abiertas y, por tanto, vínculos. Esta asombrosa fecundidad de algo tan frágil y evanescente como parece ser la palabra nos lleva a descubrir la importancia decisiva de la categoría de *relación*, y a comprobar que la fecundidad es *dialógica*, surge por un intercambio de posibilidades, como pasa con la generación humana, la polinización de las plantas, el escritor que comparte con la realidad en torno los avatares del emerger y el declinar, y plasma en su obra el fruto de ese encuentro.

Esto aclara, tal vez, el sentido de las enigmáticas palabras de Mozart, cuando, preguntado por el secreto de la genialidad –la mayor fuente de fecundidad que existe en la vida cultural– escribió: *"Ni una gran inteligencia, ni la imaginación, ni las dos juntas hacen al genio. ¡Amor! ¡Amor! ¡Amor! He aquí el alma del genio"*[1]. El hombre es fecundo dándose. Y, al darse, transfigurándose. En la vida realizamos múltiples transfiguraciones y, en la misma medida, somos fecundos, y crecemos. Transformamos una tabla en tablero de ajedrez, un papel en partitura, y transformamos nuestra manera de tratar a los objetos – la tabla y el papel – con espíritu de dominio y manejo en una actitud de respeto y colaboración. Esta transformación nos sube al nivel del encuentro y nos abre las inmensas posibilidades que elevan la vida humana a su más alta cota. He aquí cómo la transfiguración supone una renuncia y un sacrificio, pero no una represión; al contrario, nos da el ciento por uno de una sorprendente fecundidad.

---

[1] R. RINGENBACH, *Gott ist Musik. Theologische Annäherung an Mozart,* Kösel, Munich 1986, 79.

La fecundidad va unida a lo *originario*, lo que es fruto de un encuentro transfigurador. Una armonía musical es algo originario, pues no responde a la *suma* de varias melodías, sino a su *integración*. Para ser fecundo hay que saber integrar, unir profundamente merced al intercambio de posibilidades. Ello es posible cuando ansiamos la perfección de los seres, y les ayudamos a dar de sí cuanto albergan virtualmente.

Por eso la fecundidad va unida a la *diligencia,* bello término derivado del verbo latino *diligere*, amar con amor oblativo. A un sabio anciano le comunican que acaba de quemarse el bosque de los cedros. "Habrá que replantar", exclamó él. "Pero tardan siglos en crecer", le advirtieron. "Pues hagámoslo enseguida", replicó sin dudarlo. Era un hombre diligente, ejemplarmente fecundo, porque amaba la vida.

Son inmensas las posibilidades del hombre que vive unido a los seres del entorno, intercambiando con ellos sus posibilidades para crear formas de encuentro y dar lugar a modos superiores de realidad. La forma más valiosa de fecundidad tiene carácter *ontológico*, es decir, da origen a realidades de mayor rango. Con razón se dice que la comunidad de personas a la que aludimos con el pronombre *nosotros* no es producto de una mera suma, sino fruto de una integración. Es una realidad originaria. De ahí su fecundidad y su luminosidad, pues bien sabemos que el encuentro es fuente de luz. Bellamente lo indicó Gabriel Marcel al escribir que "la intersubjetividad es estar juntos en la luz"[2].

Mérito de los autores es destacar la importancia que encierra la fecundidad en la vida humana, a pesar de la poca atención que se le presta. Nos entregamos con frecuencia a una actividad febril, pero tal vez nos preguntamos poco si va a ser fecunda. Deseamos atrapar

---

[2] Cf. G. MARCEL, *Presence et immortalité*, Flammarion Paris 1959, 256.

la felicidad con las manos, para tomar posesión de ella, y olvidamos que la verdadera felicidad sólo surge como fruto del encuentro, que exige el desinterés como condición primera. Por este error de principio, galopamos en vano, vaciamos la vida de sentido y nos convertimos en unos *ilusos*. Justo, el antónimo del hombre *fecundo*, creativo, ilusionado.

La verdad es que estamos llamados por igual a la fecundidad y a la felicidad, que se deriva de la plenitud interior. Basta la parábola de los talentos para convencernos de ello. Lo decisivo es comprender que ambas – la fecundidad y la felicidad – se dan de forma oblicua. Si elijo en virtud del ideal de la unidad, no de mis gustos, doy sentido pleno a mi vida, pues tener sentido es estar bien orientado. Entonces mi existencia es fecunda y feliz. En cambio, si me centro egoístamente en mi vida, me descentro y desquicio, pues el quicio de mi existencia es el ideal de la unidad, que inspira toda suerte de encuentros. Acertado estuvo Martin Buber al afirmar que «toda vida verdadera es encuentro»[3].

El hombre bien centrado y fecundo vive con la alegría de los comienzos, porque está siempre en contacto vivo con lo originario. Por eso vive esperanzado. Se halla en un constante comenzar, y todo comienzo tiene algo de creativo y prometedor. La esperanza se alimenta de la fecundidad. En el poema dramático de Federico García Lorca, titulado sintomáticamente *Yerma*, la falta de fecundidad en el matrimonio lleva a Yerma a la desesperanza y luego a la desesperación. La vida no creativa, radicalmente infecunda, se le antoja una farsa, y, como al cabo de un tiempo vacío, Yerma se niega a secundar la farsa, asfixia a su marido Juan – hombre honrado, pero poco creativo – para que nadie piense que ella compartía una vida lograda.

---

[3] Cf. M. BUBER, *Yo y tú*, Caparrós, Madrid [2]1995, 13; *Ich und Du,* en *Die Schriften über das dialogische Prinzip*, L. Schneider, Heidelberg, 15.

Lo trágico de la obra de Samuel Beckett *Esperando a Godot* es que cuatro personas – representantes de las diversas clases sociales – hablan durante dos horas y no tejen un solo diálogo por carecer de creatividad. De ahí su actitud de indiferencia, y, derivadamente, la opresión del tedio y la desolación del sinsentido. *"Tengo curiosidad por saber qué va a decirnos Godot* –exclama Vladimir–. *Sea lo que sea, no nos compromete a nada"*[4]. Esta falta de compromiso personal los precipita a los dos hacia el grado cero de creatividad y fecundidad:

- *"Qué ¿nos vamos?"*, propone Vladimir.
- *"Vámonos"*, asiente Estragón.
- *(No se mueven)*[5].

Este libro nos depara una deliciosa lectura, que recuerda la parábola del sembrador. Los autores esparcen mil semillas, pero no a voleo, sino con buen orden, que es fuente de la más alta belleza.

Alfonso López Quintás
Miembro de la Real Academia Española
de Ciencias Morales y Políticas

---

[4] Cf. S. BECKETT, *Esperando a Godot*, Barral editores, Barcelona 1970, 19; *En attendant Godot*, Les Editions du Minuit, Paris 1973, 22-23.

[5] Cf. *Esperando a Godot*, o.c., 103; *En attendant Godot*, o.c., 134.

INTRODUCCIÓN

Crepúsculo. El rostro de nuestro tiempo parece ser el del ocaso, el de la desesperanza ante el día que se acaba y quizá no volverá. El mañana se presenta como un "espectro siempre oculto que nos acompaña". Así lo presentaba Víctor Hugo en sus *Cantos del crepúsculo* (1835): "¡Mañana es la gran cosa!/ ¿De qué estará hecho el mañana?"[1]. Vivimos en el crepúsculo de una civilización, lo cual se traduce en nostalgia ante el ayer y miedo creciente ante el futuro. ¿De qué estará hecho el mañana? Pero, ¿habrá un mañana? ¿Es posible un nuevo amanecer?

La situación se asemeja a la de Vladimir y Estragón, aquellos mendigos de *Esperando a Godot* de Samuel Beckett (1948). Estos, sentados junto a un sendero que no conduce a ninguna parte, esperan a un desconocido llamado Godot. Bajo un árbol sin hojas ni frutos, representan al hombre "desarticulado, inerme, angustiosamente encallado a la vera de un camino, sin otro quehacer que

---

[1] Es este el tema del diálogo desesperanzado entre Jacques Derrida y Elizabeth Roudinesco recogido en el libro *Y mañana, qué*, Fondo de Cultura Económica, Buenos Aires 2003.

esperar a un ser lejano, desconocido, indiferente a la suerte del mundo"[2].

La desesperanza ante el día que acaba genera en el corazón reacciones contrapuestas. Si el mañana es incierto, ¿por qué preocuparse de él? Mejor será aprovechar el presente sin preocuparse por lo que vendrá. ¿Para qué plantar árboles si no sé si podré recoger el fruto? ¿Para qué construir presas si quizá no viva cuando llegue la sequía? ¿Para que traer hijos al mundo y perder mi tiempo y mi vida cuidando de ellos y educándolos? El que no espera un mañana no se preocupa por el fruto.

Pero al mismo tiempo, la desesperanza genera una ansiedad contrapuesta. En lo más hondo de su corazón, el hombre desea la fecundidad. Por ello, la falta de un mañana es fuente de inquietud. El hombre se ve a sí mismo infecundo, como una tierra árida que carece incluso de la belleza del desierto. Sin esperanza, la persona se contempla yerma, estéril, como la protagonista de aquel tremendo poema dramático de Federico García Lorca, esposa sin hijos, y sin nadie que le ayude a descubrir los cauces de fecundidad que le ofrece la vida.

De esta manera, junto al desinterés por el fruto, el corazón humano experimenta también la ansiedad por contemplar unas manos fecundas. Se trata de una paradoja singular que conduce al activismo del trabajador incansable, y a su hermana, la acedia, el tedio y aburrimiento. Se desea *disfrutar* de la vida, exprimir su jugo sin preocuparse por el fruto, y al mismo tiempo, hay un profundo anhelo de fecundidad, que se presenta con rostros muy diversos: graneros llenos de trigo, grandes fondos de inversión, refugios para el afecto…

---

[2] A. LÓPEZ QUINTÁS, *Cómo formarse en ética a través de la literatura. Análisis estético de obras literarias*, Rialp, Madrid 1994, 253.

Frente a esta situación paradójica, frente a esta falta de esperanza propia del crepúsculo, conviene regresar al amanecer del mundo. Al alba, escuchamos la voz poderosa de Dios. Su palabra creadora convoca a todos los seres a la fecundidad. Aquellos seres más perfectos, los que han recibido el don de la vida, están llamados a dar fruto de su misma especie y poblar la tierra, los mares y los cielos[3]. De modo singular, el hombre recibe una llamada a la fecundidad: "Sed fecundos y multiplicaos (…). Mirad, os doy todas las semillas de las plantas y los árboles…".

Lo que permite salir de la desesperanza es la fuerza de esta palabra divina, que ha generado los cielos y la tierra. La mirada benevolente del Creador sostiene cuanto existe: "Vio Dios cuanto había hecho, y era muy bueno" (Gen 1,31). El fruto viene cuando se acoge esa palabra y esa mirada siempre nuevas. El que teme al Señor y sigue sus caminos comerá del fruto de su trabajo y será dichoso[4]. Quien pone su gozo en la ley del Señor es como el árbol fecundo y frondoso, plantado junto al río[5].

Pero, ¿qué significa ser fecundo? ¿Qué es lo que el hombre, también el que carece de esperanza, desea en lo más profundo de su corazón? A través del fruto, ya sea el de un árbol o el de una persona, el ser se prolonga en el otro. El padre vive en el hijo, expande su existencia en él. La fecundidad, podemos pensar, es una característica del ser. Gracias a ella, la especie se perpetúa de generación en generación.

Sin embargo, la experiencia de fecundidad parece hablar de algo más. No se trata solo de un mero perpetuarse en la propia especie, de generación en generación, ni de un simple desarrollo de

---

[3] Cf. Gen 1, 11.29.
[4] Cf. Sal 127, 1.
[5] Cf. Sal 1, 3.

las propias potencialidades. El fruto implica algo más, una trascendencia, una relación: algo mío pasa al otro, generando así algo nuevo en él y en mí. Ser fecundo implica una comunicación en la que el donante y el receptor (el padre y el hijo) crecen. El fruto trasciende a sus protagonistas: les hace ser más, porque los pone en comunión. Lo que debería ser una suma de elementos se convierte en una multiplicación.

"Yo he venido para que tengan vida y la tengan en abundancia"[6]. La venida de Jesucristo renueva la vocación a la fecundidad proclamada en el amanecer del mundo. Con la Encarnación, Dios pone en medio de la humanidad infecunda y desesperada un nuevo comienzo que no es producto de su propia historia, sino don del cielo. Al alba de la creación le sucede el mediodía, el momento central de la jornada. "Así como cada hombre no es la suma de cromosomas (…), sino algo inexplicablemente nuevo, una singular criatura de Dios, así Jesús es lo verdaderamente nuevo que no procede solo de la humanidad, sino del Espíritu de Dios"[7].

Jesús es lo verdaderamente nuevo. A la luz de su vida – la del mediodía – podemos determinar lo que significa "fecundidad". En Él entendemos que la fecundidad es algo íntimo, un deseo profundo de todo hombre, y al mismo tiempo, algo que llega desde fuera, desde lo alto: un deseo profundo de Dios. Se trata de algo sorprendente e inesperado, y al mismo tiempo, algo que en cierto modo, desde siempre se sabía. Comprendemos así que el deseo último que mueve a todo hombre en todas sus acciones, su deseo de felicidad, es en el fondo un deseo de fecundidad. No en vano, los términos "feliz" y "fecundo" (*felix* y *fecundus*) proceden de una raíz común. De esta forma, hablar de la fecundidad de la vida se presenta como una singular estrategia para la nueva evangelización. El

---

[6] Jn 10, 10.

[7] Cf. J. RATZINGER, *Introducción al cristianismo*.

camino hacia Cristo puede iniciarse o robustecerse por el deseo de fruto.

Este volumen consta de tres partes. Comienza preguntándose por el *secreto* de la fecundidad, que no es algo evidente que salte a primera vista. A partir de ahí, la segunda parte estudia la *lógica* propia de la fecundidad y cómo se distingue de sus falsificaciones. Finalmente, la tercera parte presenta el *hogar* propio de la fecundidad, su atmósfera más propicia: la comunión de personas.

¿Dónde reside el *secreto* de la fecundidad? Lo que Dios genera en el hombre es un corazón nuevo. El fruto se manifiesta en el corazón de la persona, y al mismo tiempo, solo con el corazón es posible contemplar ese fruto. En el primer capítulo, Carlos Granados muestra la fecundidad de la palabra de Dios. Su potencia es patente en la creación y, a partir de ella, en las genealogías a lo largo de los tiempos. De modo singular, la palabra divina es fecunda en la promesa, que transforma el presente y anuncia un futuro nuevo: no vuelve vacía a Dios sino que fecunda el corazón (cf. Is 55,11). En el segundo capítulo, José Noriega muestra el cumplimiento de esa promesa con la venida de Cristo y el envío del Espíritu Santo. Este es fecundo en la fecundidad humana, en la vida de los hombres. En tercer lugar, José Granados desarrolla la conexión entre la fe cristiana y la fecundidad. La buena noticia de la fe cristiana es precisamente un nacimiento, el de Jesús en Belén. Por otra parte, la resurrección de Jesucristo, la Vida que vence a la muerte, anuncia una fecundidad nunca vista. Con él ha llegado el tiempo de los frutos[8].

¿Cuál es la lógica de la fecundidad? El secreto del fruto, su acción en el corazón, manifiesta unas propiedades singulares. Luis

---

[8] Cf. Mt 21,34. Cf. J. GRANADOS, *Teología del tiempo*, Sígueme, Salamanca 2013.

Sánchez desarrolla la primera ley del fruto, que se manifiesta en la paradoja cristiana: si el grano de trigo no cae en tierra y muere, queda infecundo (cf. Jn 12,24). "Al ir iban llorando sembrando la semilla, al volver, vuelven cantando, llevando sus gavillas". Luis Granados se centra en una segunda propiedad de la fecundidad: la sobreabundancia del Espíritu. Dios reparte sus dones sin medida. El nuevo vino de Caná desborda las expectativas de los novios tanto en calidad como en cantidad. En tercer lugar, Juan de Dios Larrú muestra la importancia del discernimiento para distinguir el fruto de sus sucedáneos (fruto y producto).

¿Cuál es el lugar donde se genera fruto? Ignacio de Ribera muestra que la novedad de la fecundidad reside en la comunión interpersonal, en la generación de un hogar. Esto es posible porque en el origen de todo lo creado descubrimos la comunión trinitaria. Leopoldo Vives desarrolla las dos formas en que se cumple esa fecundidad. La vocación al amor se realiza en el matrimonio y la familia y en la virginidad por el Reino de Dios[9]. Por último, Jaime de Cendra muestra el camino concreto para la construcción de ese hogar. La fecundidad exige la acción divina y humana, que se manifiesta en las prácticas. Querer el fin – la fecundidad de la vida – exige querer también los medios – las prácticas concretas que conducen al fin.

Este libro es fruto de unas jornadas de estudio y diálogo celebradas del 22 al 24 de febrero de 2013 en Colombres (Asturias), gracias a la hospitalidad de Aurora y Floro Noriega. Sus autores pertenecen al Instituto Religioso Discípulos de los corazones de Jesús y María y son profesores en diversas universidades y disciplinas. Su punto de partida fue una doble intuición. Por una parte, Dios desea apasionadamente nuestra fecundidad, que demos

---

[9] Cf. J. GRANADOS – J. NORIEGA, *Betania, una casa para el amigo*, Didaskalos – Monte Carmelo, Burgos 2010.

fruto. Por otra, no es el genio aislado, sino la comunión de personas la que es creativa y fecunda. En palabras de san Alberto Magno, buscamos la verdad en la dulzura de la amistad.

La obra es, por tanto, fruto de una comunión de personas y de saberes. Se trata de ese "saber compartido" del que habla el papa Francisco: el saber propio del amor, que supone la capacidad de participar en la visión del otro[10].

Además, este libro se entiende dentro de un camino en el tiempo. Para entenderlo es preciso introducirse en la corriente de publicaciones que la preceden. La fecundidad no procede de la soledad del genio ni de la masa informe, sino de la comunión propia de la minoría creativa[11]. Este fruto supone un crecimiento integral de la persona en todas sus dimensiones, es decir, en ese lugar en el que se unifica lo corporal y lo espiritual, la inteligencia y la afectividad, y donde se tejen las relaciones personales: en el corazón[12]. Dar fruto exige una labor paciente de educación del corazón del niño, del adolescente y del joven, lo cual solo es posible desde una alianza educativa entre el maestro, los padres y el muchacho, entre la escuela y la familia[13]. Todo este camino se sostiene en una esperanza cierta que nos da seguridad ya en el presente y nos pone en camino: es ancla atada a una estrella[14].

Crepúsculo. ¿Qué nos promete el mañana? Pero, ¿habrá mañana? Frente a la desesperanza del hombre postmoderno y su

[10] Cf. *Lumen fidei*, 14.

[11] Cf. L. GRANADOS – I. DE RIBERA (eds.), *Minorías creativas. El fermento del cristianismo*, Didaskalos – Monte Carmelo, Burgos 2011.

[12] Cf. C. GRANADOS – J. GRANADOS (eds.), *El corazón, urdimbre y trama*, Didaskalos – Monte Carmelo, Burgos 2010.

[13] Cf. J. GRANADOS – J.-A. GRANADOS (eds.), *La alianza educativa*, Didaskalos – Monte Carmelo, Burgos 2009.

[14] Cf. J. GRANADOS – J. NORIEGA (eds.), *La esperanza: ancla y estrella*, Didaskalos – Monte Carmelo, Burgos 2008.

"cortoplacismo", el cristiano sabe de quién se ha fiado. Por eso, planta árboles, construye presas y engendra hijos para la vida. Su esperanza se sostiene en una promesa, la promesa del mañana que vemos ya operante en el presente y fiel en el pasado. Es la Palabra que se anunció en el amanecer del mundo, se cumplió en su mediodía y no dejará de escucharse hasta que llegue el nuevo día. Sirvan estas páginas para iluminar la promesa divina de un fruto abundante y duradero: "Veréis cosas mayores".

Luis Granados – Ignacio de Ribera
Denver – Washington DC, 8 de diciembre de 2013
En la Solemnidad de la Inmaculada Concepción

CAPÍTULO 1

La fecundidad
de la Palabra que engendra

CARLOS GRANADOS GARCÍA*

«Como la lluvia y la nieve descienden de los cielos y no vuelven allá, sino que empapan la tierra, la fecundan y la hacen germinar, y dan semilla al sembrador y pan al que come, así será mi palabra, que sale de mi boca, no volverá a mí vacía sin hacer aquello que deseo y llevar a cabo aquello para lo que la envié» (Is 55,11).

El profeta Isaías habla aquí de la «fecundidad de la palabra». ¿Cómo ha llegado Israel a descubrir y a afirmar que la palabra de Dios es fecunda? ¿De dónde proviene esta idea? ¿Qué significa? ¿Qué implicaciones tiene?

El primer lugar en el que Israel ha hecho experiencia de esta verdad es la «genealogía», es decir, la palabra, sentido o lógica (que todo eso quiere decir el término griego *logos)* de las generaciones. En la genealogía aparecen vinculadas originariamente palabra, memoria y fecundidad para decirnos que esta última nunca se da al margen de nuestra historia, de la vinculación con aquello que hemos

---

* Profesor invitado de Sagrada Escritura en la Facultad de Teología de la Universidad Eclesiástica "San Dámaso", Madrid.

recibido de nuestros padres y de nuestros abuelos, con nuestras raíces.

Si la palabra de la genealogía mira al pasado, la palabra de la promesa mira al futuro, y es otro de los lugares decisivos en los que Israel ha descubierto cuánta fecundidad puede provenir de la palabra. La «promesa» irrumpe en la historia y da una fecundidad nueva, capaz también de hacer que la lógica continua de las generaciones dé más de sí, abra un inaudito espacio de sorpresa. Y junto a la historia, lo veremos enseguida, la creación, como lugar originario en el que se percibe de un modo radical que la palabra es creativa y fecunda.

Un *segundo momento* de inflexión en el desarrollo de nuestro tema tiene lugar con la experiencia profética. En la vocación del profeta se reconoce la fecundidad de una palabra que llama y que engendra a nueva vida; en la pasión del profeta se nos desvela la fuerza última de esa palabra para hacer fecundo el grano de trigo que cae en tierra y muere. Es lo que abordaremos en segundo término en las páginas que siguen.

Por último, los libros sapienciales, que constituirán el tercer momento de nuestra reflexión, nos hablan de la fecundidad de la palabra en el tiempo, en el lento madurar, complementando de algún modo la visión profética.

Con este recorrido en tres tiempos esperamos poder ofrecer una respuesta más cabal a la pregunta sobre el sentido de la «fecundidad de la palabra» en la experiencia bíblica.

1. La fecundidad de la palabra
en los relatos originarios

Saint–Exupéry, en su obra *Tierra de hombres,* enseña que la fecundidad es el auténtico criterio de la verdad de las cosas. Lo hace con estas palabras:

«La verdad no es lo que se demuestra. Si en esta tierra, y no en otra, los naranjos echan sólidas raíces, y se cargan de frutos, esta tierra es la verdad de los naranjos. Si esta religión, si esta cultura, si estos valores, si esta forma de actividad y no otra, favorecen en el hombre la plenitud, liberan en él al gran señor, cuya existencia se desconocía, es porque [...] son la verdad del hombre. ¿La lógica? Que se las arregle para rendir cuentas de la vida».

Las palabras del humanista francés nos obligan a preguntarnos: ¿cuál es la tierra fecunda? Podemos estar de acuerdo en que aquella tierra que haga germinar al auténtico hombre será la verdad del hombre. Israel descubre esa tierra en su genealogía. Si quiere ser fecundo tiene que arraigarse en ella. La verdad del israelita brota de esas raíces que son su genealogía y que no son una «deducción» sino una «memoria común» que le obligan a reconocer que viene de lejos, que hay un origen que le precede.

Saint–Exupéry apunta en las líneas citadas que la vida, más que la lógica (de la producción y el rendimiento), es el criterio de fecundidad. La genealogía remite también a este criterio de la vida. ¿Cómo descubrir la fecundidad? Los números tienen ciertamente su importancia. Pero el criterio último no puede ser sino el de lo vivo, el de lo que va despertando y generando vida, el de lo que comienza a moverse por sí mismo y a despertar como un gigante. Esto es lo que Israel descubre en su genealogía: los pasos de un gigante que avanza por la historia.

1.1. La fecundidad de la genealogía

Para narrar la genealogía, el texto bíblico se sirve del término *toledot,* que abre las listas. La fórmula «Estos son los descendientes (*toledot*) de X» recurre diez veces (2,4; 5,1; 6,9; 10,1; 11,10; 11,27; 25,12; 25,19; 36,1; 37,2; el caso de 36,9 es diverso) en el libro del

Génesis. La gran mayoría de los exegetas reconoce en estas «fórmulas *toledot*» el elemento estructurante del primer libro de la Biblia.

En realidad, el término *toledot* puede significar tanto «descendientes» como «genealogía» (cf. Ex 6,16; 1 Cro 1,29) y también «historia» (Gén 2,4; 37,2; Num 3,1). Es un término amplio y difícil de traducir. En todo caso, la misma polisemia nos indica que el hombre bíblico está habituado a unir «historia» con «genealogía». Es decir, que para describir las etapas de la historia él no alude a grandes hechos políticos, a gestas victoriosas o a la fundación de ciudades (como hacen otros pueblos), sino sobre todo a los nacimientos. Su historia está compuesta de nombres de padres e hijos.

Y así, narrando la historia de la fecundidad, Israel descubre la fecundidad de la historia. Y la descubre precisamente en la palabra, en la serie de nombres, en ese *logos* de la generación (*logos tes geneseos*).

La fórmula «Estos son los descendientes» se acompaña con «Estos son los nombres de» manifestando así la obvia relación entre la genealogía y el nombre (ver Gén 25,12-13). El padre da nombre a su hijo para introducirlo en una genealogía; y este acto es tan fecundo como aquel que llevó al nacimiento del hijo, porque así es como le introduce en su pueblo.

La genealogía da, en fin, una primera respuesta a nuestra pregunta: *la palabra es fecunda porque hace que nos insertemos en un todo, en una historia, en un pueblo, hace que reconozcamos nuestra genealogía.* La fecundidad, la vida tiene que partir de esta inserción que la palabra le ayuda a reconocer. El sarmiento no da fruto si no está insertado en esta vid; la vida no llega a sazón si no acoge esta palabra trasmitida por la genealogía.

1.2. La insuficiencia de la genealogía

Y, sin embargo, la genealogía no basta para explicar en su fondo último la fecundidad de la palabra. ¿En qué sentido? Veámoslo. Hasta Abraham las generaciones (*toledot*) no conocen el tema de la esterilidad. En Abraham sucede, por ello, algo nuevo: la continuidad de la genealogía se corta y aparece (por primera vez en la Biblia) el drama: «Sara era estéril y no tenía hijos».

Y, sin embargo, cuando se pone en duda la continuidad de ese perpetuarse en la propia especie de generación en generación, se introduce una novedad: el hijo va a ser el fruto de una palabra divina, fruto de una inaudita promesa. Es la nueva fecundidad de la palabra.

En Abraham descubrimos, por tanto, que la fecundidad no se da al margen de una genealogía humana, pero tampoco es simplemente el resultado de lo que la genealogía humana da de sí.

Dos de nuestros evangelios comienzan también con una genealogía. La de Mateo es la más original por el sorprendente truncamiento que se revela en ella. Todo el texto va repitiendo como una cantinela la misma estructura: un padre engendra a un hijo: «Abraham engendró a Isaac...». Al llegar a Jesús aparece algo nuevo: «Jacob engendró a José, el esposo de María, de la cual nació Jesús, llamado Cristo» (Mt 1,16). Interviene aquí una novedad que rompe el esquema de la genealogía. Se trata de ese «de la cual nació» que hace depender de María y no de José el nacimiento de Jesús. La línea genealógica sufre así una original ruptura. ¿Por qué? Porque Jesús viene del Padre Dios y por eso no puede tener padre humano en la genealogía. A la genealogía de la carne llega así la Palabra para hacer que la misma genealogía sea capaz de dar más de sí y de generar algo nuevo, una nueva fecundidad.

De Abraham a Jesús comprendemos así un dato más sobre el tema que nos ocupa: *la fecundidad de la palabra hace que lo que viene por genealogía, la fecundidad de la carne, dé más de sí, produzca algo que no viene de ella y que ella por sí misma no podría dar, algo que no tiene que ver solo con el pasado sino con el Absoluto.*

El tema de la «promesa» nos va a permitir concretar estas afirmaciones sobre la «genealogía». Si una mira al pasado, otra mira al futuro. Tenemos por ello que detenernos en mostrar cómo es fecunda la palabra de la promesa.

1.3. La fecundidad de la palabra que promete

Israel experimenta en su historia que Dios no es solo el Señor de la genealogía, el Dios de los padres, sino también Aquel que se compromete con el futuro. Esto es lo que se expresa en la promesa, que en lenguaje hebreo se dice «juramento».

Abraham es el hombre de la promesa. En Gén 12,1, por primera vez, Dios le anuncia: «haré de ti una gran nación; te bendeciré, engrandeceré tu nombre». Esta promesa de grandeza se concreta en Gén 15,4s.: «te heredará uno salido de tus entrañas», es decir, la fecundidad no será algo exterior (fama, conquistas...) sino carne de tu carne. En Gén 17,16 se revela todavía algo más: «te daré un hijo de Sara». El «salido de tus entrañas» no provendrá de Agar o de cualquier otra esclava, sino de la elegida, de la primera y auténtica mujer de Abraham, de Sara.

Descubrimos así cómo la promesa *se va desplegando en el tiempo*. La palabra que promete no se da entera y completa desde el principio. Dios va desvelando poco a poco su concreción. Esto exige por parte del hombre continua atención a la voz de Dios. La palabra es fecunda en el tiempo y en la escucha.

De «tiempo» y «escucha» se hace precisamente la «fe», que es la respuesta del hombre bíblico a la promesa de Dios. Así respondió Abraham al Dios que le prometía: «creyó Abraham en YHWH, y

[YHWH] se lo retribuyó como justicia» (Gén 15,6). Sabemos que sin promesa no hay fecundidad. Quien no está dispuesto a prometer (y, por tanto, a com-prometerse), no dará fruto. La fe es precisamente ese compromiso con Dios que abre caminos de fecundidad.

Pero Abraham nos descubre todavía aquí algo más. La última vez que se le renueva la promesa es después de su obediencia a Dios en lo referente al sacrificio de Isaac:

«Juro por mí mismo –oráculo de YHWH– que por haber hecho tú esto, por no haberme negado a tu hijo, tu único hijo, te bendeciré copiosamente [...] todas las naciones de la tierra serán bendecidas en tu descendencia».

Hay aquí una novedad. En Gén 12,3 se le decía: «en ti serán bendecidas todas las familias de la tierra»; ahora (en Gén 22,18) se dice: «en tu descendencia serán bendecidas todas las naciones de la tierra». El fruto de la vida de Abraham es haber obtenido una promesa que ya no se refiere solo a él («en ti»), sino a su descendencia («en tu descendencia»). La palabra de la promesa se va desvelando en el tiempo como palabra compartida, palabra que abre camino a otros.

1.4. La fecundidad de la palabra que crea

Hemos hablado de la genealogía y de la promesa, nos falta por abordar un tercer lugar específico en el que se revela la fecundidad de la palabra: la creación.

En Gén 1 se nos descubre a un Dios que crea hablando. Su palabra es performativa: hace lo que dice. Esto es lo típico de la «palabra de YHWH» que es eficaz. En el relato de la creación, Yahvé no es equiparado a una fuerza natural o a un astro, sino que domina todo con la fuerza que proviene de la palabra. En concreto, Yahvé pronuncia diez palabras; diez veces se repite en el texto el sintagma «y dijo Dios» (v. 3.6.9.11.14.20.24.26.28.29).

Este Dios que habla, es decir, que quiere establecer un diálogo, crea un *partner* para tener una amorosa conversación con él: el hombre. El hombre es *la* imagen de Dios. Por eso le está prohibido hacerse otras imágenes (ídolos), porque lleva ya él mismo la imagen de Dios. ¿Dónde? Sobre todo en la palabra: un Dios que hace fecunda la realidad con su palabra crea a un hombre llamado a hacer también fecundo todo lo creado con su palabra. El hombre es imagen de Dios porque habla y con su palabra puede fecundarlo todo. En la creación encontramos así la raíz de nuestro discurso sobre la fecundidad de la palabra. Pero lo que se da aquí no es comprensible sin el fin, sin el *telos* al que se orienta. Y de ello nos van a hablar sobre todo los profetas.

2. La fecundidad de la palabra profética

Israel ha podido madurar todavía más el concepto de «fecundidad de la palabra» gracias a la experiencia profética. Queremos referirnos a dos momentos importantes que manifiestan esta fecundidad: a) la palabra de YHWH que llama al profeta (en los relatos de vocación); b) la palabra de YHWH que recrea, que da un corazón nuevo, que es capaz de regenerar al pueblo.

La relación entre ambos momentos puede considerarse si ponemos en paralelo dos textos de Ezequiel: la vocación del profeta (Ez 2-3) y la parábola de los huesos secos con el anuncio de regeneración dirigido al pueblo (Ez 37,1-14).

En la vocación del profeta Ezequiel, en Ez 2,2, el espíritu entra en él, en cuanto Dios le llama, y el profeta entonces se pone en pie (lo mismo sucede en 3,24). Pues bien, esto mismo es lo que ocurre con los huesos secos (que son toda la «casa de Israel») en Ez 37,1-14. Allí se nos dice que los huesos oirán la palabra de Dios, entrará en ellos el espíritu y se pondrán en pie. Las mismas palabras se repiten en los dos casos justo a continuación de que llegue la "palabra de Dios" sobre el profeta (en el primer caso) y sobre los huesos secos (en el segundo). Esquemáticamente sería así:

Vocación del profeta

Ez 2,2:	"y entró en mí el espíritu	y me puso en pie"
Ez 3,24:	"y entró en mí el espíritu	y me puso en pie"

Regeneración del pueblo

Ez 37,5:	"haré entrar en vosotros espíritu	viviréis"	
Ez 37,10:	"el espíritu entró en ellos,	vivieron	y se pusieron en pie"

¿Qué nos dicen estos paralelos? Que ambos textos están llamados a interpretarse recíprocamente, el uno a la luz del otro.

– A la luz de Ez 37,1-14 comprendemos que la vocación del profeta en Ez 2-3 es una especie de «vivificación del profeta por la palabra»: Ezequiel entra en contacto con la palabra de YHWH, el espíritu le posee y le pone pie. Notemos que el «estar en pie» alude a la postura de uno que está vivo, como en 2 Re 13,21: «El hombre entró en contacto con los huesos de Eliseo, cobró vida y se puso en pie».

– A la luz de Ez 2-3 comprendemos que la vivificación del pueblo tiene el sentido de una vocación, de hacer de Israel un «pueblo profético», como Ezequiel; entendemos, por tanto, que la vida nueva no se comprende sin la palabra que da sentido y misión a dicha vida.

Tratemos de describir ahora ambos momentos por separado.

2.1. La fecundidad de la palabra en la vocación del profeta

La vocación de Jeremías se construye como un diálogo que nos va a permitir profundizar brevemente en este momento singular de fecundidad de la palabra divina. Vamos a escucharlo, en primer lugar:

«"Antes de formarte en el seno materno te conocí, desde antes que nacieras te consagré: profeta de las naciones te constituí". Pero yo dije: "¡Ah, Señor YHWH! Mira que no sé hablar, que soy un muchacho". YHWH me dijo: "No digas: 'Soy un muchacho', pues irás a todos a quienes yo te envíe, y todo lo que yo te mande dirás. No tengas miedo ante ellos, pues contigo estoy yo para salvarte – oráculo de YHWH"».

Lo primero que nos indica este texto sobre nuestro tema es lo siguiente: la palabra de YHWH está «antes» y «consagra»; de ella proviene la fecundidad. Y, sin embargo, ella sola no basta. El profeta tiene que aprender a pronunciarla pues él confiesa que «no sabe» cómo hacerlo. Hay un juego de palabras en el texto: YHWH «conoce», Jeremías «no conoce». ¿Cómo podrá ser enviado? YHWH interviene de nuevo para indicar cómo sucederá, cómo la palabra se hará fecunda en la vida del profeta.

– Primero, el profeta debe aprender *lo que no tiene que decir:* «*no digas*». ¿Qué es lo que no debe decir? «Soy un muchacho». ¿Por qué? Porque esas palabras se convierten así en una especie de anti-profecía: yo soy y siempre seré un muchacho, inexperto. El Señor le prohíbe semejante profecía sobre su destino. El primer paso es eliminar palabras infecundas, palabras que nos encierran en «lo que yo doy de mí». Solo partiendo de este «no digas» se abre un camino de fecundidad.

– Tras el «no digas» viene un «di»: *«lo que yo te mande, dirás»*, *le anuncia YHWH.* Notemos que la palabra de YHWH es aquí a la vez un indicativo (y por tanto una especie de capacitación: «podrás decir, llegarás a decir lo que yo te mande») y un imperativo (y por tanto un mandato: «dirás solo lo que yo te mande»). La fecundidad de la palabra implica las dos cosas: el don y la tarea. Está por una parte, el *don,* que se expresa enseguida, dos versículos más adelante: «pongo mis palabras en tu boca» (v.9). La palabra fecunda es palabra no propia, palabra que viene de arriba, según lo que dice el Evangelio: «el espíritu os sugerirá las palabras». Y está, por otra parte, la *tarea* se manifiesta en el texto como obediencia (acompañada de valentía, porque lo que el Señor le va a mandar decir resulta poco agradable de comunicar al pueblo), pero como una forma de obediencia que se abre a la creatividad.

¿Creatividad? ¿En qué sentido? En cuanto que YHWH no le da al profeta de ningún modo todo hecho. Enseguida por dos veces le va a preguntar: «¿Qué ves, Jeremías?» (v.11.13). YHWH no quiere al profeta como una especie de altavoz, sino como un instrumento vivo. El profeta debe comprender, debe luchar, debe crear también las imágenes que le servirán para convencer, para conmover y convertir a su pueblo.

Una sentencia enigmática de YHWH al profeta nos habla de este misterio de la fecundidad de la palabra y de su «creatividad». En Jer 15,19 YHWH le dice a Jeremías: «si haces salir lo precioso de lo vil, tú serás como mi boca». El texto se puede interpretar de diversas maneras. Una interpretación se referiría al discernimiento: «si separas lo precioso de lo vil», es decir, si eres capaz de discernir lo que realmente vale, entonces serás mi boca, la palabra divina de fecundidad estará en tus labios. Pero otra posible interpretación se refiere también al don de sacar genialidad («lo precioso») de aquello que en apariencia es vil («pequeño, mediocre»): si eres capaz de sacar vida y fecundidad de aquello aparentemente vil, es cuando realmente serás como mi boca: será la prueba de que mi palabra de fecundidad está operante en ti.

2.2. La fecundidad de la palabra en el corazón nuevo

Encontramos un segundo lugar típico de fecundidad de la palabra profética en los textos que hablan de la *recreación,* de la salvación definitiva que Dios realizará en favor de su pueblo. Se afirma allí que Dios dará un corazón nuevo, pondrá su espíritu, hará volver y vivir al pueblo, le comunicará una vida nueva que proviene de la palabra.

Los profetas, en efecto, anuncian que, cuando Dios venga definitivamente para salvar, llegará a su plenitud lo que se adelantaba en el Génesis. Si en el Génesis la palabra de Dios "decía y se hacía" (ver Gén 1,6-7), era una palabra "performativa", una palabra eficaz, en el último día, en el *eschaton,* esto llegará a su plenitud, se manifestará abiertamente y para todos. Lo dice muy expresamente el profeta Ezequiel en algunos de los textos que describen el fin de los tiempos: «Entonces conocerán las naciones que yo, YHWH, *he dicho* y *he hecho*» (cf. Ez 17,24; 36,36; 37,14). La palabra de Dios será plenamente eficaz para producir fruto.

Es interesante la fórmula de Ezequiel que acabamos de recordar. En ella, el verbo «hacer» se usa en sentido absoluto, sin complemento directo; con ello se sugiere la idea de «crear». Es como si el profeta dijera «yo, YHWH, he dicho y he hecho, es decir, he creado con mi palabra». Es la palabra performativa de YHWH. Is 55,11 anuncia lo mismo: la palabra divina «no volverá a mí vacía sino que *hará*». La dinámica es idéntica a la que podemos reconocer en otros textos del profeta (cf. Is 40,6-8; y ver 40,26; 48,13; 50,2; también en los Salmos: 33,6.9; 147,4.15-18). La palabra de YHWH se manifestará entonces como «palabra fecundadora», que no vuelve vacía.

Pero, ¿dónde se realizará esa acción? ¿Cuál es el objeto de la «recreación por la palabra»? ¿Dónde se manifiesta más fecunda la palabra performativa de YHWH? Los textos bíblicos no dejan lugar a dudas: dicho lugar es el «corazón».

Un exegeta alemán, Vanoni, ha detectado en diversos textos bíblicos un horizonte común de esperanza escatológica que se expresa presentando a YHWH como quien renueva el corazón (en alemán él habla de YHWH como *Herzenserneuerer*). La renovación escatológica se vincula con una acción de YHWH que circuncidará el corazón (Dt 30,6), lo hará vivir (Is 57,15), pondrá su temor en él (Jr 32,40), enviará a su mensajero para vendarlo (Is 61,1; cf. Sal 147,3) o a Elías que hará volver el corazón de los hijos a los padres y el de los padres a los hijos (cf. Ml 3,23-24). Es el gran fruto escatológico. Estos textos emplean frecuentemente el verbo «dar» (Dt 29,3; Jr 24,7; 32,39; Ez 11,19; 36,26), indicando así que el corazón nuevo es el gran don de la redención.

Aquí exploraremos solo un texto central del profeta Jeremías que nos ayuda a comprender la relación entre «palabra performativa/ recreadora» y «corazón nuevo»:

> Jer 31,31: «Pondré mi ley en su interior y la escribiré en sus corazones; yo seré su Dios y ellos serán mi pueblo. Ya no tendrán que enseñarse unos a otros diciendo: Conoced a YHWH».

Fijémonos sobre todo en la secuencia:

«pondré mi ley en su corazón» → «ya no tendrán que decir (enseñarse diciendo)».

La «palabra exterior» pasa de algún modo a un lugar secundario cuando «la palabra interior» fecunda el corazón. Esto es algo parecido a lo que apunta (salvando las evidentes distancias) la «Carta a García». La "Carta" es un texto publicado en marzo de 1899 en la revista *Philistine,* que luego se ha traducido a decenas de lenguas y reeditado millones de veces. Pues bien, allí se define el concepto de «iniciativa», que expresa, para el autor, el culmen de la madurez y la responsabilidad, de esta forma: «¿Qué es la iniciativa? Puedo definirla en pocas palabras: hacer lo que se debe hacer, bien hecho, sin que nadie lo mande».

La palabra alcanza su fecundidad en la persona cuando no hace falta mandar porque la misma palabra está ya inscrita en el corazón. La fecundidad de la palabra se puede llamar «iniciativa», que es otro nombre de «creatividad». La palabra que fecunda el corazón del hombre lo «re-crea» haciéndolo a él también capaz de creatividad.

3. La fecundidad de la palabra de los Sabios

De los profetas hemos aprendido la fecundidad de la palabra que llama y que recrea. Se refiere sobre todo a esa fecundidad capaz de generar en un instante una llamada, un don nuevo, superando la progresión y las capacidades del hombre. La profecía nos recuerda así que no podemos reducir la potencia generativa de la palabra al simple crecimiento gradual de las cosas naturales. Pero junto a ello hay que reconocer también otra vertiente de dicha fecundidad, la que nos recuerdan los sabios: la palabra de Dios es fecunda en el hombre poco a poco, al ritmo de las etapas de la vida. El Salmo 1, haciendo referencia a este misterio, dice sobre el sabio: «Da fruto a su tiempo y no se marchitan sus hojas» (v.3).

La palabra se hace fecunda en el corazón del hombre «a su tiempo», teniendo en cuenta las etapas de la vida, los procesos de maduración y las crisis estacionarias propias del humano devenir. Es absurdo esperar que un manzano esté cargado de fruto a los pocos días de plantado. Hace falta el tiempo, la prueba, el crecimiento.

Por eso la «palabra de Sabiduría» introduce al aprendiz en una escuela. Si los profetas han insistido más en que el verbo es fecundo porque «genera», porque «crea», los Sabios nos dicen que lo es también porque «educa», porque va poco a poco convenciendo al hombre. «La sabiduría educa a sus hijos y se cuida de los que la buscan» (Sir 4,11).

Es una educación que se da en el tiempo: «Al principio lo lleva por caminos tortuosos; le infunde miedo y temblor, lo atormenta con la disciplina, hasta que puede confiar en él» (v.17).

Las imágenes que usa esta «Sabiduría educadora» hablan precisamente de fecundidad:

«Como quien ara y siembra acércate a ella [a la Sabiduría] y espera sus buenos frutos. Pues cultivándola te fatigarás poco, pero pronto comerás de sus frutos».

Hay en este texto dos elementos complementarios (aparentemente paradójicos) relativos a la fecundidad de la palabra de Sabiduría:

– La insistencia en que es necesario un duro trabajo (arar, sembrar... antes se ha dicho que la sabiduría «atormenta» o que conduce por «caminos tortuosos»).

– Y, sin embargo, el reconocimiento de que «fatiga poco». «Ved con vuestros ojos lo poco que he trabajado, y qué descanso tan grande he encontrado», dirá el Sabio en Sir 51,27.

Es el «trabajo de la fecundidad», que tiene una estructura efectivamente paradójica. Lo dice el Sabio también en Sir 24,31, rememorando sus trabajos: «... yo dije: "Regaré mi huerto y emparé mis eras..."». Y, sin embargo, cuando apenas ha comenzado a trabajar puede ya decir: «... Pero he aquí que el canal se me convirtió en un río, y el río se convirtió en un mar». Es la sobreabundancia, la desproporción entre el trabajo y el fruto, que experimenta quien comienza a trabajar en dejarse transformar por la palabra. «La inspiración siempre me pilla trabajando», decía Picasso. Pero no deja por eso de ser «inspiración», es decir, don de Dios. Dicho con otras palabras, estas de san Agustín: «Cuanto Dios corona nuestros méritos, corona sus dones». El fruto del trabajo es una sobreabundancia inmerecida. Esto es lo que experimenta el sabio.

Pero hay más. El Sirácide añade enseguida: «Fijaos que no he trabajado solo para mí, sino para todos aquellos que buscan sabiduría» (v.34). Lo va a repetir un poco más tarde, en Sir 33,16: «Mirad que no he trabajado solo para mí, sino para todos los que buscan la instrucción». La fecundidad de la Palabra–Sabiduría es siempre comunicativa. Quien trabaja por ella y para ella nunca trabaja «solo para sí», siempre descubre con asombro la realidad de la que habla el Sabio. Es lo que dice el Prólogo al libro del Sirácide: «No basta con que los lectores se hagan sabios; es necesario también que, como expertos, puedan ayudar a los de fuera, tanto de palabra como por escrito». Este es el camino propio de la fecundidad de la palabra: se rige por un principio de «sobreabundancia» que desborda siempre en otros, como un canal que se convierte en río y, finalmente, en mar. Expresión de esta sobreabundancia es la alegría que, como dice bellamente Bergson, «anuncia siempre que la vida ha triunfado» (López Quintás, 383). Y la vida triunfa porque se comunica.

4. Recapitulación

Tratemos de recapitular ahora brevemente el camino recorrido en estas páginas.

Los primeros lugares en los que Israel ha hecho experiencia de la fecundidad de la palabra han sido la *genealogía,* la *promesa* y, recopilando y fundando estos dos, la *creación.* Lugares complementarios. El primero le enseña que no hay fecundidad al margen de la palabra que se transmite de generación en generación, no hay fecundidad al margen de la línea que va de padre a hijo y de maestro a discípulo. El segundo, el de la promesa, le anuncia que Dios introduce una fecundidad nueva con su palabra poderosa, capaz de dar vigor al hombre estéril y anciano. El tercero, en fin, le apunta que Dios es, en todo caso, origen y fundamento de ambos caminos: el de la memoria y el de la promesa.

La línea de la «genealogía» y la de la «promesa» se han desarrollado luego en los libros bíblicos. En la profecía, hemos reconocido más esa dimensión «creativa» de la fecundidad de la palabra, más propia de la promesa; en la sabiduría, hemos visto más la línea de la continuidad y el desarrollo progresivo, típico de la genealogía.

Junto a ello, la profecía nos ha descubierto la temática del «corazón» como lugar donde la palabra se hace fecunda. La creatividad se da como una presencia interior de la palabra performativa de YHWH en el corazón del hombre, que se convierte así en raíz de la fecundidad. El profeta, ejemplo y anticipo de esta realidad, es el hombre creativo por excelencia, pronunciador de la verdad, vencedor de miedos y temores, genial comunicador lleno de originalidad, fiel emisario de la Palabra.

Por su parte, la Sabiduría nos ha descubierto la necesidad del «trabajo» y, junto a él, la llegada del fruto como un don. En estos libros se nos revela también la dimensión comunicativa de la fecundidad de la palabra: nadie que trabaja por ella puede decir «he trabajado para mí solo». Esta dimensión nos remite en realidad al carácter social propio de la fecundidad de la genealogía, permitiéndonos así ver la unidad de la experiencia religiosa de Israel.

Bibliografía

BEAUCHAMP, P., *L'un et l'autre Testament. Tome 2. Accomplir les Écritures,* Seuil, París 1990.

BONORA, A., "Alianza. II.1. Promesa", en AA.VV., *Nuevo diccionario de teología bíblica,* Paulinas, Madrid 1990, 44-60.

GARCÍA LÓPEZ, F., *Pentateuco,* Verbo Divino, Estella 2003.

GRANADOS, C., *La nueva alianza como recreación. Estudio exegético de Ez 36,16-38,* GBP, Roma 2010.

LÓPEZ QUINTÁS, A., *El libro de los grandes valores,* BAC, Madrid 2013.

DE SAINT EXUPERY, A., *Tierra de hombres,* Salamandra, Madrid 2000.

SKA, J. L., *Introducción a la lectura del Pentateuco,* Sal Terrae, Santander 2011.

CAPÍTULO 2

La fecundidad del Espíritu
en la fecundidad humana

JOSÉ NORIEGA BASTOS*

1. La pregunta sobre la fecundidad

¿Qué fecundidad podemos esperar en nuestra vida?

Nuestra vieja Europa nos responde rápido: puedes esperar producir más y mejor, esto es, hacer más cómoda y segura tu vida. A esta respuesta va emparejada la respuesta práctica a la gran pregunta sobre los hijos: el miedo. El hombre de la tardomodernidad ve con miedo la aventura de los hijos. La fecundidad es algo a controlar. Incluso los cristianos del viejo continente miran con temor a la fecundidad.

Este panorama contrasta con otro: el que viven regiones más pobres, donde los niños pueblan calles y escuelas. O, incluso, la fecundidad de tantas familias que han apostado por la vida desa-

* Superior General de los Discípulos de los Corazones de Jesús y María. Catedrático de Teología Moral Especial en el *Pontificio Istituto Giovanni Paolo II per Studi su matrimonio e famiglia* (Pontificia Università Lateranense, Roma).

fiando el futuro. En ellos se aprecia otra mirada, otra alegría, otra esperanza. ¿Qué fecundidad esperan? Cierto, no simplemente la del número. Porque un padre no es más padre por ser padre de diez niños que de uno solo. Esperan la fecundidad de transmitir la propia vida, sobre todo, la propia plenitud.

¿Y Dios? ¿Qué fecundidad puede generar en nuestra vida?

Nuestra vieja Europa sonríe ante la pregunta, como antaño la anciana Sara sonrió socarrona ante la promesa de Dios: «"Volveré sin falta a ti cuando la estación retorne, y he aquí que tu mujer Sara tendrá un hijo". (…) Ríose, pues, Sara en su interior diciendo: "Después que ya estoy gastada, ¿podré yo tener voluptuosidad, siendo además mi marido viejo?"» (Gén 18, 10.12). A Dios hemos dejado de pedirle que nos dé una gran fecundidad, que colme de fruto el esfuerzo de la vida. Ni siquiera la Iglesia propone con garra y atractivo la nobleza del generar. Parece incluso que las diócesis, las órdenes religiosas y las parroquias se resignan como Abraham y Sara a no tener descendencia, a no dejar tras de sí un legado de vida y esperanza.

La fecundidad, ¿se reduce a producir beneficios? ¿Podemos esperar solo que Dios haga más cómoda y segura la vida?

María, la Virgen, en su corazón joven escuchó otro mensaje: el de una fecundidad que solo Dios quería suscitar en su cuerpo joven, la fecundidad de la virginidad, que en el amor total y exclusivo al Señor le deja hacer obras grandes.

Lo que aquí está en juego no es la simple subsistencia de Europa, ni la permanencia de la Iglesia como estructura social que conocemos. Lo que está en juego es la fecundidad del Padre. ¿Qué fecundidad es capaz de dar a nuestra vida, a nuestros amores, a nuestras relaciones, a nuestros trabajos, a nuestras comunidades, a nuestras esperanzas?

Comencemos por lo que aparece, la fecundidad de una naturaleza que nos lleva más allá. Y desde aquí, intentemos subir hasta llegar a la fecundidad que el Espíritu genera en la vida.

2. Engendrar en la naturaleza

Partamos de una evidencia perdida, irrelevante para tantos: toda la vida que vemos a nuestro alrededor ha sido generada. Más aún, cada uno de nosotros hemos sido engendrados (Kampowski). La vida no comienza en nosotros. Nuestro ser es ontológicamente dependiente, recibido, generado: nos vincula hacia atrás, hacia nuestro pasado. El ombligo nos lo dice bien claro: antes de que yo eligiese nada, otro me generó en su seno y me alimentó sin que yo se lo pidiese. Así podemos reconocer en quienes nos engendraron el origen de nuestra vida.

Y recibimos una vida que no es estática, cerrada. Porque es capaz no solo de movimiento propio, sino de comunicarse. El ser que hemos recibido nos vincula, entonces, también hacia delante, hacia el futuro. Los genitales nos lo dicen bien claro: la cadena de vida no se termina en mí, puedo comunicarla. Y así nos reconocemos capaces de engendrar vida, de transmitirla.

El ser engendrados y el engendrar no son simples actos a los que no siguen otros. Generan lazos de dependencia y de prolongación que agrandan la propia existencia. Porque la cría no tiene futuro sin su progenitor. Pero el progenitor sin generar se agota en sí.

Gracias al ser engendrados y al engendrar, la vida se agranda, se prolonga, pero no cambia su modo de ser. Porque la generación respeta los grados de jerarquización de la vida y de vinculación recíproca, respetando la naturaleza de cada especie. Generar es, entonces, dar la vida que uno ha recibido, según un criterio de identidad claro: cada uno transmite lo que vive. No hay cambio de especie.

Y lo transmite a través de una acción en la que, a medida que crece la jerarquización de la vida, crece su complejidad. En la generación sexuada se requiere, entonces, dos seres vivos de una misma especie con vitalidad suficiente para transmitir su vida. El hijo realizará una síntesis nueva de ambos, pero siempre ligado a lo recibido.

En lo recibido está la posibilidad de comunicar a su vez la vida. No como una simple potencialidad de su ser, porque necesita de otro para engendrar. Y de otro con el cual entrar en relación: es la propia estructura orgánica la que abre la naturaleza del ser vivo a la relación con el otro, a ser afectado por él, a padecer su influjo, y así poder dilatarse interiormente, más aún, acogerlo en su propio organismo. Es en ese evento de la cópula sexual como ambos pueden engendrar, comunicar lo que viven sin perderse a sí mismos.

3. La fecundidad en el hombre

Sí, el hombre engendra también como un animal más. Su ser no está cerrado a su soledad. Porque su carne es vulnerable a la diferencia sexual, y es en la carne donde puede acoger a otro diferente de sí, dilatándose interiormente, hasta el punto de que en la recíproca acción sexual, pueden engendrar a otro similar a sí.

Quien es engendrado recibe todo lo que es de otros. Pero no lo recibe para que se instaure una simple relación de dependencia, sino para que llegue a ser plenamente él mismo, llegue a ser, incluso, padre de sí mismo y pueda a su vez vincularse a otros y engendrar.

Son dos los padres que están involucrados en la generación. Y no solamente porque la reproducción sexuada requiera un padre y una madre, sino, sobre todo, porque padre y madre engendran a un hijo que está llamado a ser padre de sí mismo y padre de otros.

¿En qué consiste ser padre de sí mismo? Es padre quien genera. Se trata ahora de generar un mundo humano en torno a sí. Y eso solo lo puede hacer quien "hace experiencia", esto es, quien se vincula y pone en juego su libertad (Botturi). El niño autista ha sido engendrado, pero no es capaz de engendrarse a sí mismo, porque no "hace experiencia" del mundo que le rodea, ni se vincula a él: vive en un mundo desnudo, sin atractivo, que no asombra ni atrae. Ser padre de sí mismo es generarse reconociendo y generando un mundo humano alrededor. Porque en el modo en que nos situamos ante el mundo que nos rodea, nos generamos como personas: hijo, hermano, amigo, esposo, padre.

Quien engendra un hijo no lo engendra para que llene la propia soledad, sino porque quiere que exista: más aún, que alcance su propia plenitud. Y esa plenitud entendemos que no es algo que nosotros podamos darle sin más, sino que es algo que él tiene que alcanzar. Pero no lo alcanzará solo. Y por ello los padres, al engendrarle, quieren generar también en él la capacidad de que él se genere: por ello le rodean de las tradiciones que para ellos fueron significativas, y le introducen en las narraciones que en ellos despertaron el sentido grande de la vida, y le acompañan en las prácticas con que se despertó su libertad.

Somos engendrados. Otros nos han generado. Y en el dinamismo de la generación no solo iba el concebir y dar a luz, criar y educar, sino también el acoger y acompañar en el destino al propio hijo: a un hijo al cual le compete llevarse a sí mismo a su destino.

Ninguno podrá colmar su vida por sí solo.

Engendrar es comunicar la propia vida, hasta que el hijo engendre en sí una vida plena.

4. ¿Puede Dios transmitirnos su vida?

Demos un paso más. ¿Puede Dios nuestro Señor engendrar su vida en nosotros? Los gnósticos lo negaron. Habiendo recibido de los estoicos una concepción estática y cerrada del orden del universo, no admitían la posibilidad de novedad en el ser, de crecimiento en las especies. Cada individuo de una especie era susceptible de nacimiento, crecimiento, reproducción y muerte. Pero siempre siendo lo que era. Llegar a ser más de lo que se había recibido, era imposible.

Y esta idea del orden de la naturaleza la aplicaron al hombre, en quien veían una triple clasificación: los hombres "materiales", cuyo sentido era crecer, reproducirse y morir; los hombres "síquicos", que habían descubierto la nobleza de la vida; y los hombres "espirituales", en quienes se encerraba una chispa de la divinidad. ¿Naciste hombre "material"? Pues lo serás siempre, quizá con un poco de perfeccionamiento, pero siempre animal, ocupado en el vivir biológico. ¿Naciste hombre "síquico"? A base de esfuerzo y trabajo podrás crecer y llegar a la nobleza de la vida, dominando la carne, pero no llegarás más alto. ¿Naciste "espiritual"? Bastará entonces que te iluminen y descubras tu origen, entonces te liberarás de la carne que te ata. ¿Transformación? Ninguna: solo perfeccionamiento de lo recibido (Orbe).

La gran tradición cristiana respondió de modo diverso: de barro a hombre, y de hombre a dios.

Aquí se manifiesta el arte de Dios: en transformar lo material, cambiarlo, hacerlo crecer, hasta que llegue a ser como Él. Todo el movimiento de la creación es un movimiento finalizado, teleológico: su meta es la divinización del hombre, del hombre de carne que fue plasmado al inicio de la creación con el barro. Por ello, la *theleiosis* es, en la reflexión de los Padres de la Iglesia, *theosis*: esto es, todo el movimiento de crecimiento y perfeccionamiento del hombre es un movimiento de divinización.

El hombre ha sido engendrado del barro para llegar a ser dios.

Y llegará a ser dios no por un dinamismo natural, a modo de desarrollo de una potencialidad interior. Llegará a ser dios porque su carne recibirá el Espíritu, aquel Espíritu que transformó la carne de Cristo y lo deificó en la resurrección.

Porque la carne de Cristo ha vivido todo este proceso de deificación. Concebido por obra del Espíritu en el seno santo de la Virgen María, ha vivido nuestra vida y en su desarrollo, ha recibido nuevas donaciones del Espíritu, como la del Bautismo, o la de la Pasión, y, sobre todo, la de la Resurrección. Su carne, humana como la nuestra, acaba siendo carne deificada. Y es ahora cuando es constituido Hijo de Dios con poder (Rom 1, 4), Espíritu vivificante (1Cor 15, 45).

5. La fecundidad del Espíritu en la carne

En la creación solo el organismo vivo es fecundo. Transmite la vida que tiene, sin disminuir ni menguar. Y entre los organismos, es la carne la que está abierta a una novedad en la fecundidad: porque genera por la cópula. Es carne que se enriquece con la carne del otro y así pueden juntos transmitir la vida que viven. Pero la carne del hombre, novedad inaudita, está abierta no solo al amor, sino también al Espíritu. Y si lo recibe, puede transmitirlo.

Cuando el Espíritu entra en la carne, la transforma. La Biblia habla del "corazón nuevo" (Ez 36, 26). No es el hombre el que genera en sí este corazón, sino que lo recibe, como un don, fruto de la presencia nueva del Espíritu.

Y a partir de este don comienza en el hombre el proceso de ascensión a Dios: de barro a hombre y de hombre a Dios. Porque lo que el Espíritu hace posible es que el hombre sea hombre, viva su libertad como hombre y no se pierda en ella.

"Donde está el Espíritu, allí está la libertad" (2 Cor 3,17). Para generar esta libertad el Espíritu debe tocar su origen, aquello que la genera, esto es, todo el mundo afectivo de los deseos, y de deseos que están enraizados corporalmente. Solo si el Espíritu es capaz de transformar los deseos puede liberar al hombre de la doble esclavitud: la de ser esclavo de sus deseos, y la de ser esclavo de una voluntad de Dios que no ve como suya. Y así, generando una connaturalidad del corazón del hombre con el corazón del Hijo de Dios, hace posible que el hombre desee como hijo la voluntad de su Padre.

Al ser generado como hijo de Dios, y al participar en las virtudes de Cristo, el hombre puede vivir en concordia con sus hermanos. Es el Espíritu quien genera en él la comunión, no como mero acuerdo en fines estratégicos, sino como participación en un amor común. Esta concordia le permite actuar con otros, en una vida común en la que el hombre puede ser verdaderamente él mismo y llevarse a sí mismo.

Nos ayudará a entenderlo el papel "mediador" que Platón atribuía a *Eros*. Su tarea era "generar en la belleza". Y Solov'ev lo interpreta: el amor comunica al cuerpo la incorruptibilidad (*El drama de Platón*, XXII). Quien ama, no ama solo con su espíritu, que comprende y quiere lo noble: ama con todo el cuerpo. Pero si su amor es grande, es capaz de generar belleza en el cuerpo: esto es, hacerle partícipe de su amor espiritual, de su nobleza, de la eternidad a la que aspira. La carne se transforma así y se hace bella, tan bella como lo es el amor espiritual, porque ahora la carne deja entrever en sus formas la presencia que la habita (Gotia).

La carne no es solo barro vivificado por el soplo divino, es también la carne relacional de los afectos. Porque los afectos nos vinculan, nos relacionan desde dentro de nosotros mismos y nos dirigen a las cosas. En ellos, *eros*, el impulso primordial de plenitud, entra y los dirige, reordenándolos para que alcancen lo que prometen.

Porque la carne es blanda, frágil, moldeable, capaz de recibir y de relación. Por ello es también capaz de recibir el Espíritu. Y es el Espíritu el que genera el corazón nuevo para que el hombre pueda generarse a sí mismo desde dentro. Lo que está fuera queda así animado por lo que está dentro. Porque el hombre genera el mundo a partir de un amor, un amor que recibe y que le permite descubrir el sentido de las cosas y relacionarlas.

Somos engendrados. No solo a la vida humana, sino también a la vida divina por el don del Espíritu. Y este ser engendrados nos hace capaces de engendrar, de participar en el arte de Dios.

¿Cómo va a ser "dios" quien todavía no fue hecho hombre? ¿Cómo perfecto en lo divino, el recién hecho? Y, ¿cómo inmortal, con la inmortalidad (*athanasía*) de Dios, quien no obedeció con mérito al Hacedor en naturaleza mortal? Pues primero has de mantenerte a nivel de hombre, para luego participar en la gloria de Dios; ya que no haces tú a Dios sino que Dios te hace a ti. Por tanto, si eres obra de Dios, aguarda la mano de tu Artífice, que todo lo hace según conviene; según te conviene a ti, que eres hecho. Entrégale tu corazón blando y manejable, y conserva la forma con que te configuró el Artífice, reteniendo en ti el agua viva, no vayas a perder las huellas de Sus dedos. Mas si conservas la trabazón del Espíritu, subirás hasta lo perfecto. El arte de Dios esconderá el limo que hay en ti. Su mano dará forma en ti a la substancia; te bañará por dentro y por fuera con oro puro y con plata; y de tal suerte te adornará, que el propio Rey codicie tu hermosura.

Más si, endurecido, rechazas enseguida su arte, y eres ingrato con Él acusándole por haber sido hecho hombre y no "dios", con tu ingratitud para Dios pierdes a la vez su arte y vida. Pues lo propio de la benignidad de Dios es hacer; y lo propio de la naturaleza del hombre es ser hecho. Si pues le ofrendas lo que es tuyo, a saber la fe en El y la sumisión, recibirás su arte y serás obra perfecta de Dios" (San Ireneo, *Adversus Haereses* IV, 39, 2, 33 ss)

6. Cuando el deseo se transforma en voto

Engendrar es generar un ser nuevo, no de la nada, sino del padre y de la madre. Ellos ponen en la existencia un ser distinto de ellos, pero similar a ellos. En el hijo está la novedad, y ante él surge el

asombro de que la vida se dilate, se agrande y surjan vínculos nuevos e irrevocables. Porque el ser de los padres se extiende en el ser
de los hijos.

En el ser vivo, engendrar, transmitir la propia vida, es un
impulso natural. Tan natural que es instinto. Y gobierna la conducta
con precisión.

También en el hombre engendrar es un impulso. Viene con
nuestra naturaleza. Pero no es tan perfecto como en el animal, por lo
que no es instinto, sino deseo que requiere el gobierno de la prudencia para colmar la vida del hombre.

¿Deseo de qué? ¿De llenar la propia soledad? Solo el mirar al
fin ayuda a comprender el inicio. Porque esa es la plenitud de los
padres, la gran bendición: "ver los hijos de los propios hijos" (Sal
128,6). Lo que ve el padre es que su hijo ha llegado a ser padre de sí
mismo transmitiendo vida a sus hijos, se ha generado a sí mismo a
la grandeza de la vida, la ha hecho bella.

Para que el deseo no se centre en uno mismo sino que se dirija
derecho y sereno al hijo, debe transformarse en un voto (Marcel
1944). Ana, la madre de Samuel, bien lo sabía: su esterilidad le hizo
expresar aquella promesa que moderaba su deseo y dejaba entrever
el sentido de su maternidad: "Yahveh Shebaot, si te dignas mirar la
aflicción de tu sierva, te acuerdas de mí, no te olvidas de tu esclava
y concedes a tu sierva un retoño varón, lo dedicaré a Yahveh por
todos los días de su vida" (1 Sam 1, 11). La maternidad no es simplemente tener un hijo para sí misma, ni siquiera para sus padres: es
tenerlo para Dios. Porque es en Él en quien la vida es plena.

El deseo del hijo se hace ofrecimiento del hijo a Dios Padre, de
quien viene toda paternidad y a quien se dirige toda filiación. El
voto comprende la plenitud que Dios Padre promete en la fecundidad y evita idolatrar al hijo: esto es, dominarlo para el propio
proyecto.

7. El enigma de la generación: se da solo indirectamente

Si apreciamos con detalle la fecundidad humana, nos daremos cuenta del misterio que encierra. La acción de generar es una acción que se dilata en el tiempo y comporta una secuencia de acciones parciales. Se da en la entrega conyugal, en cuyo abrazo Dios Padre celebra su liturgia creativa y en la intimidad de la unión se produce la concepción de la persona, el nuevo inicio, oculto todavía a la experiencia de sus protagonistas. Y a partir de entonces se inaugura todo el dinamismo de la generación, que no culmina hasta que el hijo entra en la casa del Padre. Desearlo, ofrecerlo, unirse, acogerlo, darlo a luz, reconocerlo, criarlo, educarlo, acompañarlo en el camino de la vida: he aquí las fases del proceso generativo.

Se genera en el cuerpo. En una acción corporal. Pero nunca esta acción pre-*tende* directamente el hijo. Su enigma es que no proviene de una acción dirigida directamente a ello. El misterio de la generación se vela en acciones indirectas, porque la generación es siempre fruto de una acción común, nunca su producto.

El cuerpo, la acción corporal, media ahora algo más grande que el propio cuerpo: generar una persona

Quien quiere engendrar no lo puede producir con una acción directa. Porque quien produce domina, mientras quien genera acoge. Quien quiera engendrar, esto es, introducir en una vida plena al hijo, debe entregarse sexualmente en totalidad, amar conyugalmente.

La mediación del cuerpo explica a todo hombre y a toda mujer que la generación es un don (Melina). Y un don que para acogerlo solo se puede acoger en otro don: el de la propia entrega por amor.

La vitalidad de la comunión de los padres es la que hace posible la vitalidad de la acogida del hijo.

Y si los padres fueron engendrados en el "nosotros" de su comunión con Dios, que les unió, ahora ese "nosotros" puede generar y acoger al propio hijo en el "nosotros" de su comunión. El hijo viene a dilatar y agrandar ese "nosotros", porque vincula más a sus padres entre ellos y consigo.

La fecundidad es dramática. Si fuera producir, bastaría forzar las condiciones y la magia se daría. Pero la fecundidad se da en una acción recíproca no como producto, sino como don. Cuando los esposos se unen, si se unen de verdad, en su unión está el dinamismo entero, que les mueve a acoger ya en su amor al hijo de su amor, aunque este no venga. Y lo acogen como es en sí y no solamente como lo desearían. Quien se une conyugalmente, abraza al hijo en su amor, y abraza toda la compañía que requerirá en el camino. Por ello, el dinamismo generativo lleva no solo a comunicar la propia vida, sino a vincularse de por vida.

También la acción de Cristo se adaptó a la estructura antropológica de la fecundidad. Él vino a traernos su Espíritu. Pero no podía dárnoslo directamente: nos lo da en su entrega al Padre, entrega de su cuerpo a la pasión, de un cuerpo que será torturado y macerado. Así abre su carne a una recepción nueva del Espíritu de modo que pueda desbordar a otros. Porque la vida se comunica pero no directamente, sino en la mediación del cuerpo. Y se comunica según el modo de la sobreabundancia, del exceso.

Toda fecundidad es siempre indirecta, fruto de una entrega, de la excelencia de un don de sí, de una comunión vivida en totalidad. Y así el fruto es respetado en su idiosincrasia, y puede ser acompañado en su plenitud, sin proyecto propio. Porque el Espíritu que recibimos es el Espíritu del Hijo, ya connaturalizado con la carne del hombre, con la carne del Hijo del Hombre. Del perfume del Hijo encarnado, recibió su aroma, y de su acento, su pronunciación. Así, cuando es insuflado en el corazón de cada hombre, recuerda a Hombre, y así puede transmitirles su aroma y su pronunciación.

8. La fecundidad del Espíritu en el creyente

«El último día, el principal de la fiesta, Jesús en pié, gritó: "si alguno tiene sed, venga a mí y beba, el que cree en mí. Como dijo la Escritura, de su seno brotarán torrentes de agua viva". Dijo esto a propósito del Espíritu que recibirían los que creyeran en él» (Jn 7, 37-39).

¿De quién es el seno del que brotará el agua viva? Dos son las interpretaciones, que dependen de cómo se puntúe el texto. Una es la que hemos referido, y que supone que es del seno de Cristo de donde brota el agua viva, como aparecerá después en la pasión tras la lanzada. Pero podría puntuarse también así: «Si alguno tiene sed, venga a mí y beba. El que cree en mí, como dijo la Escritura, de su seno brotarán torrentes de agua viva». Y entonces sería del seno del creyente de quien mana el agua viva.

Esa agua es el Espíritu, que brota del corazón de Cristo y del corazón del creyente. Bebiendo de la fuente de Cristo, el cristiano se convierte en manantial de agua para otros, manantial del Espíritu. Es la fecundidad de la glorificación de Cristo, por la que se convierte en fuente del Espíritu que transforma y vivifica al creyente hasta el punto de hacerle fuente para otros.

Los gnósticos no percibieron esta novedad radical. Cristo no es solo el gran maestro que nos ilumina sobre lo que somos. Su palabra es performativa: transforma al hombre. Su Espíritu genera una novedad en nosotros, nos vivifica, nos hace partícipes en nuestra carne de una vida que no teníamos antes: la vida de Dios. Porque el Espíritu es unión, nexo entre el Padre y el Hijo, y cuando pasa a habitar en nosotros, nos introduce en la relación entre el Padre y el Hijo.

Y nos introduce para que nosotros seamos padres también. Habitando en nosotros el Espíritu colma nuestra carne y hace posible al que cree en Cristo que de sus entrañas broten ríos de agua viva, que desborde el Espíritu.

La fecundidad del cristiano es transmitir el Espíritu. Ese Espíritu que, adaptado al Hijo, puede ahora adaptarnos a nosotros al Hijo, al tiempo que Él se adapta también a nosotros. Así el Espíritu se connaturaliza con cada cultura, con cada sociedad, con cada familia. Y de unos a otros se va comunicando y va generando vida divina: vida de comunión con el Padre y con los hombres en la Iglesia.

El misterio de esta fecundidad es que se da en acciones humanas. Algunas de ellas con una fuerza especial, eficaces por sí, ya que transmiten el Espíritu en fuerza de la misma acción que se realiza: son los sacramentos. Las etapas de la vida que recorre el hombre quedan así llenas del Espíritu y determinadas en su fin (teleología) como un camino al Padre. Las acciones que ahora cada cristiano haga en la misma dirección (línea teleológica) que ha abierto el sacramento, serán acciones también santificantes. Y por ello, deificantes, ya que comunican el Espíritu, permiten que este entre más en la carne, en sus afectos, en sus relaciones, en la vida del cristiano en definitiva. Y ese entrar más del Espíritu hace posible que el cristiano se connaturalice más con la carne y el corazón del Hijo.

El Espíritu no elimina la dramaticidad de la fecundidad. Explica su misterio, lo llena de esperanza última, pero no elimina su fragilidad, ni su desafío y posible fracaso.

Quien se casa, sabe de la fragilidad de la aventura que comienza, pero comprende que no está solo: el Espíritu le mueve precisamente a que ame bien, para que en la mediación de su bien amar, se comunique el Espíritu. La caridad conyugal se convierte en verdadera fuente de creatividad y tenacidad en la vida esponsal.

Quien educa, sabe del riesgo educativo, y de que no puede suplantar al educando, a quien corresponde elegir por sí mismo. El Espíritu le dirige para que enseñe bien y conforme, a través de prácticas adecuadas, las virtudes del educando y así dé vigor y sabiduría a su corazón. La caridad intelectual es fuente de genialidad educativa y paciencia en la vida de los maestros.

Quien engendra un hijo sabe de la aventura en la que entra y que habrá momentos de gran sufrimiento. El Espíritu le dirige primero a que ame a su cónyuge de verdad, para que así reciban al hijo como un don y lo acojan por sí mismo en su mutua comunión. Y una vez engendrado, les dirige a que se vinculen a él y lo eduquen acompañándole en su destino. La caridad paterna y materna es manantial de promoción constante del hijo y de longanimidad en la vida de los padres.

La acción del cristiano esconde un misterio. En el bien humano que busca, se transmite el Espíritu. Porque es el Espíritu quien está en su origen impulsando a actuar.

Conclusión

¿Qué fecundidad podemos esperar en la vida?

No la del producir, cierto, un mundo más cómodo y seguro. Esperamos la fecundidad del engendrar vida, comunicar la vida que vivimos, la plenitud que esperamos.

Aquel cuerpo ajado por los años le enseñó a Sara que esperamos mucho más que engendrar simplemente un hijo: esperamos que Dios actúe en nuestras acciones.

María lo aprendió de Sara. Dios es capaz de suscitar una fecundidad nueva. Tan nueva que incluso es capaz de hacer fecundo un cuerpo virgen, origen de la vida humana del Hijo de Dios. María entendió que toda maternidad, pero especialmente la suya, proviene de Dios. Y que el Padre es fecundo de un modo insospechado, porque es capaz de darse en la mediación humana.

Engendrar, entonces, es generar un nuevo ser, transmitirle la vida que uno vive, la plenitud que lo anima, vinculándose a él. La vida se dilata, porque se abre a una nueva plenitud en la relación con el hijo. Podemos esperar así que nuestro amor suscite amor en quienes amamos y así sea posible la reciprocidad, y el hijo alcance su plenitud y llegue a ser padre de sí mismo dando origen a su vez a una familia.

Esa plenitud no es solo la relación educativa, ni la relación de amistad que abre, sino la donación del Espíritu, el entrar en la familia de Dios.

Nuestra vieja Europa, nuestra Iglesia un poco anquilosada, ¿no será como la anciana Sara? Sí, reímos cuando nos hablan de fecundidad. Pero la historia que nos constituye nos recuerda que la fecundidad nace siempre de una promesa que Dios hace al hombre, y que es obra del Espíritu. Pide de nosotros la confianza.

¿Qué fecundidad podemos esperar que Dios suscite en nosotros?

Que comunique su gloria en nuestras acciones.

Bibliografía

BOTTURI, F., "Generatività: nascita del soggetto e dinámica interpersonale", en J. – J. PÉREZ–SOBA – P. GALUSKA, *Persona e agire nell'agire morale,* Cantagalli, Siena 2013.

KAMPOWSKI, S., *Ricordati della nascita. L'uomo in ricerca di un fondamento,* Cantagalli, Siena 2013, cap. 1.

MARCEL, G., "Le voeu createur comme essence de la paternité", en *Homo viator*, Ed. Montaigne, Paris 1944, 135-170.

MELINA, L., *Corso di bioetica*, Piemme, 1996

ORBE, A., *Antropología de san Ireneo,* BAC, Madrid 1997.

SOLOV'EV, V., *El drama de Platón,* Monte Carmelo, Burgos 2013.

CAPÍTULO 3

El tiempo de la fecundidad:
De generación en generación

JOSÉ GRANADOS GARCÍA*

"El futuro no puede comenzar" (Luhman 1976). Tal fue el diagnóstico del sociólogo Niklas Luhmann sobre nuestra sociedad moderna. No quería decir, claro está, que el calendario se hubiera detenido. Sino que, por mucho que corra el reloj, el mañana, en cuanto novedad de horizonte, en cuanto verdadera sorpresa y crecimiento, nunca llegará, porque el tiempo se ha hecho monótono, repetitivo. ¿Dónde encontrar las raíces de esta crisis de futuro? (Botturi 2013).

En lo que sigue quiero arrojar sobre este tema la luz específica de la teología. De hecho, nuestra visión lineal de la historia, tendida hacia adelante, se apoya sobre la perspectiva bíblico – cristiana de una "historia de salvación". Pues bien, el impulso que hace moverse esta historia es precisamente la generatividad, la promesa de un fruto, promesa que alcanza en Jesucristo su cénit. Vamos a ver que el cristianismo es una religión generativa, que entiende el curso de

---

* Catedrático de Teología Dogmática del Matrimonio y la Familia en el *Pontificio Istituto Giovanni Paolo II per Studi su matrimonio e famiglia* (Pontificia Università Lateranense, Roma).

la historia y de cada vida humana como el ejercicio de un continuo y progresivo nacimiento. El tema es muy importante para la Nueva Evangelización, que puede incidir así sobre un reto crucial de la cultura secularizada de nuestro tiempo e iluminarlo.

1. La Buena Noticia de Pascua: un nacimiento

Es fácil probar que la generación es un elemento clave de la fe cristiana: basta mostrar su vínculo con la experiencia pascual. En efecto, ya desde la primera predicación apostólica se aplica a la resurrección el salmo 2: "Tú eres mi hijo, yo te he engendrado hoy" (cf. Hch 13,33; Hb 1, 5). La esperanza de Israel, que aguardaba el nacimiento del Mesías, se colma solo en la carne nueva, gloriosa, de Jesús. Esto significa que la historia entera culmina con un nacimiento. Por eso el día de Pascua, día del sol, evoca el primero de los días, cuando se creó la luz, pues nos refiere a Dios como principio de todo (cf. San Justino, *Apología* I, 67, 8). Al ver el cuerpo glorioso de Cristo entendemos finalmente cuán grande es la capacidad de Dios para constituirse en origen radical de todas las cosas y de todos los momentos de la historia; es decir, entendemos cuánto es Padre Dios.

Inspirado en esta intuición pascual, algunos Padres de la Iglesia ofrecieron una síntesis de la *historia salutis* usando el término *protótokos*, primogénito. Dice así, por ejemplo, San Ireneo de Lyon: "como primogénito de la mente del Padre, el Verbo perfecto dirige todas las cosas [...]; como primogénito de la Virgen es justo, hombre santo [...]; como primogénito de los muertos es origen y señal de la vida de Dios (*Epideixis*, 38-39).

Justo antes del texto citado, Ireneo subraya una conexión íntima entre estas generaciones. El Santo nota la fuerte correlación entre la dinámica de la resurrección y la dinámica del nacimiento. Solo porque la carne empezó naciendo, puede acabar renaciendo. La filiación definitiva del Hijo en la carne gloriosa, *nativitas perfecta*, recoge y consuma, en la historia humana, los dos nacimientos anteriores de Jesús: del solo Padre, el primero; del Padre y de María, el segundo. Entre estos momentos se escancia toda la historia de la salvación. A esta luz, como ha notado E. Falque, la experiencia de nacer y de generar, de la carne que es engendrada y que a su vez engendra, es la analogía clave para comprender qué significa resurrección de la carne (Falque 2004, 24).

Describir la resurrección como nacimiento tiene varias ventajas. En primer lugar, se entiende entonces que la Pascua no es un mero retorno a la vida antigua, sino inicio de novedad de vida, como es propio de todo nacimiento. En segundo lugar, igual que todo nacimiento hereda una historia, la resurrección está en continuidad con los tiempos pasados, que se enlazan de generación en generación; en ella quedan confirmadas todas las esperanzas antiguas, tendidas hacia el nacimiento del Mesías. Continuidad y novedad se conjugan pues en la imagen del nacimiento, que sirve así para hilar la *historia salutis*. El primogénito del Padre es primogénito de las creaturas, primogénito de María, primogénito de entre los muertos, de cara al nacimiento último de todo en Dios, cuando se consumen los dolores de parto de la creación (cf. Rom 8, 22). Vista así, la vida de Cristo es, como la describió Hilario de Poitiers, un continuo progreso, pero no porque se aleje del nacimiento, sino porque lo experimenta en modo cada vez más cumplido, porque es progreso hacia una generación última (Ladaria 2006). De ahí que todo cuanto Cristo es, lo sea en cuanto generado: *"Nihil enim nisi natum habet Filium"* (S. Hilario de Poitiers, *Trin.* IV,10).

Se podría escribir, pues, una historia de la salvación que fuera de nacimiento en nacimiento, donde cada vez se engendra la historia a una nueva altura. Se trata de un modo nuevo de entender la frase bíblica, "de generación en generación", como paso de una generación originaria, creatural, hasta la generación definitiva al final del tiempo, pasando por varios distintos modos de nacer. Lo que resulta es una historia del nacimiento, es decir, una historia como serie de nacimientos cada vez más logrados.

En lo que sigue voy a desarrollar esta intuición acudiendo en buena parte a los escritos de San Ireneo de Lyón. Y es que estos representan el primer intento teológico sistemático de introducirnos en una visión cristiana de la historia como "historia de un nacimiento". El siguiente apartado explica la perspectiva sobre la creación del hombre que surge de la experiencia pascual (2). Veremos luego cómo la generación madura en la historia (3) hasta su definitiva plenitud en Cristo y en la Iglesia (4), revelando de este modo la imagen generativa del Dios de los cristianos (5).

2. Es propio de Dios hacer, propio del hombre ser hecho

La resurrección nos permite, pues, describir la historia en términos generativos. A partir de la Pascua, nacimiento consumado de Jesús, sabemos que toda la historia tiende hacia un nacimiento. Es entonces posible describir al hombre como "ser hacia el nacimiento", en vez de usar el heideggeriano "ser hacia la muerte". La generación se convierte en el horizonte de la vida del hombre, en el lugar hacia donde este marcha.

Siguiendo esta inspiración, los Padres del siglo II definieron al hombre a partir de su última meta, como capaz de nacer para la vida divina, de hacerse semejante a Dios. Así puede decir Taciano que el hombre no es solo el "animal racional capaz de virtud", como querían los griegos, sino "el animal racional que, yendo por encima de su propia humanidad, está llamado a ser imagen y semejanza de Dios" (Taciano, *Ad Graecos*, 15). Lo cual equivale a decir, si definimos "nacer" como recibir la imagen y semejanza de otro, que el destino final del hombre es un nacimiento. La esencia del hombre, podríamos decir, consiste en ser siempre engendrado hacia esferas más altas de plenitud.

Para describir este proceso San Ireneo usará una expresión eficaz: *Deus facit, homo fit*, que representa una ley básica de la historia de la salvación. "Propio de Dios es hacer, propio del hombre ser hecho". El contexto en que se sitúa la frase es un debate con los gnósticos y marcionitas. Estos se enfrentaban al Creador del mundo, considerándolo un dios de segunda categoría, o incluso malvado, frente al ignoto Dios bueno que no se manchaba las manos con la materia. Y preguntaban: si el Creador es tan bueno como dicen, ¿por qué no hizo al hombre perfecto desde el principio?; siendo Él perfecto, ¿qué sentido tenía una obra suya imperfecta, como fueron Adán y Eva, capaces de pecado y corrupción? La cosa prueba que el Dios que los modeló del barro no era el Dios cabal y verdadero (cf. Orbe 1962; 1967; 1989).

Ireneo, al responder, podría haber dicho que, siendo el hombre creatura finita, Dios no tenía por qué crearle perfecto. Acepta, sin embargo, que la perfección es la vocación del hombre, siguiendo al Génesis que habla de su creación a imagen y semejanza de Dios. Ireneo comparte, pues, con los gnósticos la visión de un hombre consumado. Vamos a examinar sus diferencias, en el contexto de otras soluciones contemporáneas.

a) Comenzamos con el enfoque de los gnósticos. Para ellos la perfección del hombre se dio, efectivamente, desde el principio. Pues el hombre visible, de carne y hueso, llamado a crecer, no era el verdadero hombre; sino otro, escondido, que se revelaría llegado el momento, pero que existía desde siempre en plenitud. La historia de la carne, a esta luz, no generaba nada: era solo una cáscara que, llegado el momento, se abriría para liberar su fruto. En un instante, sin noticia previa, sin colaboración suya, el gnóstico resultaba iluminado y reconocía el espíritu divino que, desde siempre, lo habitaba, y con quien su propio "yo" se confundía. Bajo apariencia de un cambio radical e inesperado faltaba, en el fondo, verdadera novedad:

de hecho, la salvación consistía en un retorno: volver a la perfección originaria, contenida en uno mismo.

No es difícil encontrar un reflejo de los gnósticos en el pensamiento postmoderno, como ha propuesto Hans Jonas (Jonas 1996). Pues hoy el futuro que nos salva se busca más allá del horizonte humano, huyendo de los límites del cuerpo y de la natura.

b) La respuesta de la escuela alejandrina, de inspiración platónica, nos permite recuperar un primer elemento importante. Si Dios no hizo al hombre perfecto desde el principio, responde Orígenes al pagano Celso, fue para que pudiera tener mérito y crecer así en virtud (Orígenes, *Contra Celso* IV, 3). Dios le colocó ante una prueba de modo que, aceptando su querer, recibiera meritoriamente los dones divinos. *Deus facit, homo fit*, podría decir Orígenes, porque es Dios quien ofrece la salvación y el hombre quien la acoge. Tal respuesta asume un elemento negado por los gnósticos: la unión con Dios no es mera fusión, sino que requiere la aceptación libre del hombre. La libertad, en este caso, no es autónoma, pues depende de un orden previo, que el hombre está llamado a acoger. El hombre puede entender que alguien le engendra, en cuanto recibe de él el ser y la bondad.

Hay en este enfoque, sin embargo, todavía una carencia. Y es que el tiempo parece jugar un papel solo accesorio: basta en realidad un instante para que se dé el acto de libertad que acoge el obrar divino (Orbe 1965: 541). Ahora bien, sin la presencia del tiempo y de su lento paso, no se ve bien cómo Dios acompaña la libertad del hombre. Es decir, para que se dé verdadera generación no basta con que el Creador ponga al hombre en la existencia y le ofrezca su vida para que este la acepte. Es preciso añadir algo: Dios debe engendrar también la libertad del hombre; de otro modo permanecería extrínseco, en último análisis, al drama de lo humano. ¿Pero cómo entender esto, que también nuestra libertad debe nacer? Es aquí donde se sitúa la propuesta de San Ireneo de Lyón.

c) San Ireneo insiste, como había hecho Orígenes, en la libertad del hombre. Pero añade: esta debe ejercerse en el tiempo. No basta con que el hombre, adulto desde el principio, acepte la propuesta de Dios. Por eso dirá Ireneo que el hombre, al principio, estaba recién hecho, era niño, debía ser todavía conducido a la madurez. Solo en el tiempo puede aprender que la acción de Dios le acompaña, le engendra paso a paso, generando su misma respuesta libre. El tiempo saca al hombre de su soledad, le invita a colocarse en el panorama amplio de la historia, gobernada por el designio divino. En el tiempo, la acción divina se hace interior a la humana para darla a luz narrativamente. Y así el hombre reconocerá un don en aquello mismo que obra. Solo una vez que su libertad haya sido engendrada por Dios, solo una vez hecho hombre maduro, podrá recibir la plenitud, la semejanza con el Padre, y hacerse igual a Dios.

La cosa queda clara en la interpretación ireneana del axioma *Deus facit, homo fit*. Pues "hacer", en este caso, y su correspondiente "ser hecho", se refieren a la materialidad del hombre, a su carne inmersa en el tiempo: se trata de plasmar el barro de la tierra. Se pone así de relieve la centralidad de la carne, polo central de la visión de Ireneo. La carne designa al hombre situado en lo concreto, abierto al mundo, capaz de ser tocado y transformado por lo que le rodea y le sucede. Definir al hombre como carne es subrayar su carácter relacional y, a partir del vínculo que le une a Dios, decir que el hombre es capaz de más, de recibir aquello que le supera, abriendo así la puerta a una novedad que toca el centro de su ser.

Si esto es así, entonces el hacer propio de Dios se refiere sobre todo a lo corporal: Dios entra en el tiempo y en la historia, desciende para dejarse encontrar en los eventos concretos. San Teófilo de Antioquía descubre aquí la dignidad especial del hombre: "*al mundo lo creó por su palabra, solo al hombre por sus manos"* (Téofilo de Antioquía, *Ad Autolycum* 2, 18). La obra propia de Dios se pone en juego en la carne del hombre, como dirá Ireneo: *"opera Dei plasmatio est hominis"* (la obra de Dios es la plasmación del hombre). Esta actuación divina queda recogida por el otro polo de la visión ireneana del hombre: el Espíritu divino que desciende sobre la carne. El Espíritu es la capacidad de Dios de hacerse presente a lo que le es distinto, uniéndolo a Sí sin por ello cancelar la diferencia, llamándolo a una comunión cada vez más plena consigo. En otras palabras, el Espíritu es la presencia divina en cuanto promesa, en cuanto posibilidad de que el hombre llegue a ser más a partir de sí mismo: es *pignus* (promesa, primicia) que hace avanzar al hombre de la *imago* (imagen) inicial a la *similitudo* (semejanza) plena.

Deus facit, homo fit, implica por eso un doble movimiento: movimiento de Dios, que desciende hasta el barro para plasmarlo; movimiento del hombre que, en su carne e historia, se deja poco a poco modelar por Dios para acercarse a Él. Todo esto se expresa en una visión del hombre cuyo centro es el corazón, lugar más profundo y fuente de unidad de la persona en cuanto esta se abre a la relación, al amor. El corazón se presenta así como laboratorio del tiempo, lugar donde se escucha e integra el relato entero de la historia del hombre, acogiendo las tradiciones y abriendo el porvenir. Un hermoso texto del Santo recoge esta visión:

Porque no haces tú a Dios, sino Dios a ti. Si pues eres obra de Dios, aguarda la mano de tu Artífice, que todo lo hace oportunamente; oportunamente, en lo que se refiere a ti, sometido a la acción (de Dios). Preséntale tu corazón blando y maleable y conserva la figura con que te modeló el Artífice, manteniéndote húmedo, no vayas a perder, endurecido, las huellas de sus dedos (San Ireneo, *Adv. Haer.* IV, 39, 2).

En esta perspectiva de la historia, el hombre progresa de verdad, dando cada vez más de sí. Precisamente la receptividad humilde de la carne hace que pueda sobrepasar todos los límites para hacerse semejante a Dios. Podemos describir, desde aquí, algunas notas de la visión de Ireneo, que puede justamente llamarse generativa.

Primero, todo crecimiento está ligado a la carne, en cuanto es en ella donde el hombre se abre más allá de sí. La carne, siendo lo más humilde del hombre, el ámbito en que pasa a depender de eventos fuera de su control, es también aquello que le permite encuentros con lo que está más allá; es en la carne donde quedan las huellas "con que te modeló el Artífice" y donde la persona percibe un fruto superior a ella misma. Nótese una consecuencia para el modo de concebir el cuerpo, que hoy se considera un límite impuesto a la libertad del hombre. Desde este otro punto de vista, sin embargo, el cuerpo no es solo lo ya dado, lo que hay que aceptar; sino que, precisamente por la apertura que supone más allá del sujeto, es también lo generativo, lo que da más de sí, lo que abre futuro. El problema de rechazar el cuerpo, de reducirlo a un proyecto propio, no es solo que se rechace lo tradicional y, con ello, el pasado; sino que así pierde el hombre su capacidad generativa y se cancela el progreso.

Segundo, la carne por sí sola no es capaz de generar un porvenir. Depende de un don originario que ella atestigua y que la precede. Se trata de la presencia del Espíritu, soplo de Dios sobre la carne. Este se experimenta primero como promesa (*pignus*) de una plenitud futura: promesa que todo hombre percibe en su encuentro con el mundo y los otros, en la inagotable riqueza que ofrecen; promesa ligada al propio nacimiento, en cuanto recuerdo de un don originario que está en la raíz de nuestra libertad (Vignolo 2004; Mancini 2007). La capacidad de generar pasa siempre por reconocer esta promesa y acogerla dentro de nuestro acto libre. Si es posible dar fruto es a partir de la fecundidad desbordante del mundo que nos rodea; si es posible un crecimiento del hombre hacia Dios, es porque

Dios se ha movido primero hacia el hombre y ha dejado en él su huella (Guardini 1960: 11).

En *tercer* lugar, esta presencia del Espíritu es dinámica. Es decir, en cuanto la promesa une dos elementos dispares, el Espíritu y la carne, y en cuanto la carne está ligada a la historia, la promesa no puede ser realizada en un instante, sino solo a lo largo del tiempo. Al don o generación originaria sigue una generación gradual, un continuo "ser modelado" a partir de Dios, a través de la acción humana: este es el sentido en que *Deus facit, homo fit*. La libertad humana se realiza como aceptación paulatina, cada vez más madura, de esta generación continua: se es libre cuando se aprende a nacer, a recibirse de otro, cada vez con mayor plenitud. Por eso Adán, en la visión de Ireneo, no está del todo hecho al principio: *Nondum factus homo*. Solo una vez convertido en hombre, una vez engendrada su libertad, podrá elevarse hasta la semejanza con Dios.

Por último, en cuanto la promesa divina se da en la carne y el tiempo, es decir en la apertura al encuentro con lo que es superior al hombre, este puede elevarse por encima de lo humano, puede dar un fruto nuevo, conducir a una meta que supera toda expectativa. La humildad del primer movimiento de Dios preludia la exaltación que llegará al final de la historia. La generación a que el hombre es llamado es la transformación en Dios, el proceso en que el hombre se hace a imagen y semejanza divina. Se descubre entonces que el tiempo es tiempo de la generación en Dios y, por tanto, de la fecundidad máxima de una experiencia siempre renovada desde su fuente.

Podemos resumir así estas conclusiones, antes de proseguir: 1) se genera siempre en la concreción de la carne; 2) solo genera quien reconoce el don originario; 3) la misma acción libre ha de ser generada; 4) el fruto de la generación da siempre más de sí, hasta su horizonte último, un nacimiento en Dios.

3. De generación en generación: ser engendrados para engendrar

Ireneo habla del hombre *nuper factus*, recién hecho, que es al principio *infans*, un infante; crecerá primero para hacerse hombre; solo después llegará a ser Dios, según la "ley del humano linaje" y el "tiempo del crecimiento" (San Ireneo, *Adv. haer.* IV, 38, 4). Pues bien, el Santo describe así la maduración del hombre, en su camino hacia Dios: "Convenía, en efecto que el hombre, primero se hiciese, y una vez hecho creciese, y crecido se hiciese adulto, y adulto se multiplicase..." (San Ireneo, *Adv. haer.* IV, 38, 8). Hecho y crecido el hombre, llega el tiempo del adulto, en que este se multiplica. Se trata del momento en que el hombre engendra al hombre. Nótese que esta multiplicación es un momento del crecimiento global de la persona hacia Dios. Podríamos decir que el hombre, para ser generado totalmente, para elevarse hasta su destino último, ha de hacerse capaz de generar. El don muestra su medida plena cuando se convierte en capacidad de donar. Dos relaciones propias de la familia nos desvelan el secreto de este nuevo don.

3.1. La relación padre - hijo

El poder de transmitir vida nos invita a considerar al hombre en relación con todo el Pueblo. Propio de la carne, en efecto, es que no pertenece al sujeto aislado. En cuanto lo sitúa en relación con el mundo, lo vincula también a los demás hombres. Por eso San Ireneo ve el crecimiento de la carne como un crecimiento conjunto, de generación en generación. La carne ha de madurar a lo largo de siglos, de modo que los hijos hereden y continúen el proceso iniciado en los padres; aquí la familia humana se contempla como un todo, sin solución de continuidad. Por eso, el tiempo anterior a la venida del Verbo es necesario para preparar la carne, para que se disponga a ser asumida por el Hijo de Dios. El barro con que fue formado Adán tardó cinco días en prepararse; la carne de que se formó Jesús tardó cinco edades, las que recorrió la entera raza humana.

¿Cómo prepara el Espíritu a la humanidad en su camino hacia la semejanza con Dios? La obra del Espíritu sucede a través de los vínculos que unen a los padres con los hijos. Solo cuando uno se sabe generado por otros, aprende que su experiencia es engendrada por Dios. Se trata, en primer lugar, de aquellos que nos han generado a una experiencia nueva; en segundo lugar, de aquellos cuya experiencia generamos nosotros. El mismo Génesis describe la transmisión de la imagen y semejanza de Adán a su hijo a través de su paternidad (cf. Gén 5, 3).

Nótese que la generación es clave de lectura del Antiguo Testamento. Ella contiene la promesa hecha a Abrahán, con que comienza su historia (Gén 12, 2). Y es también el modo en que empieza el Éxodo, aunque en clave negativa: el nacimiento no permitido de los israelitas en Egipto. Hay aquí un contraste: frente a la riqueza del generar prometido por Dios, se opone el Faraón con su ansia de producir, que prefiere el esclavo al hijo. El Egipcio trata de emular la fecundidad, obligando al Pueblo a cocer más ladrillos, aun en ausencia de paja (Éx 5, 7-8). Pero esta lógica perversa no tiene futuro, pues no añade elementos nuevos: acaba consumiendo al Faraón, que encontrará su muerte en las aguas. Son las mismas aguas donde Israel hallará un nuevo nacimiento: y es que, a largo plazo, solo la generatividad abre el futuro; quien aprendió a nacer, sabrá también encontrar un origen nuevo, incluso entre las amenazas y peligros de muerte; descubrirá que el Padre que lo generó puede también regenerarlo. El Pueblo empieza entonces un viaje continuo para venir a la luz, en que se suceden las figuras paternas, desde Abrahán, padre en la fe, hasta Moisés, que dirá: "¿he concebido acaso yo este pueblo?" (Nm 11,12). Así todo conduce hacia el

Mesías, de quien se aguarda el nacimiento como plenitud de la historia (Beauchamp 2001: 274-275).

Tres notas definen, en San Ireneo, este crecimiento de generación en generación:

a) Toda la historia de Israel fue recorrida antes por Abrahán, de modo que el Patriarca hace posible el camino posterior de sus hijos. Se ha resumido así la visión de San Ireneo al respecto: "sin la fe de Abraham nosotros no seríamos capaces de creer. Igual que si Abraham no hubiera salido de Egipto, tampoco hubieran podido hacerlo los israelitas en tiempo de Moisés" (Aróztegi 2004: 156). Se pone de relieve, de este modo, que la propia experiencia es engendrada por otro. Podemos tener ciertas experiencias solo porque otro las ha recorrido antes y, de este modo, nos admite a ellas, nos genera en ellas.

b) Por otro lado, surge la idea de que el hijo supera al padre, de que la transmisión lleva consigo una mejora, un avance. Esto aparece también en los comentarios rabínicos. Véase, por ejemplo, cómo interpreta el Midrás el Salmo 84, que habla de la peregrinación "de altura en altura" (Aróztegi 2004, 148):

En el mundo venidero los israelitas irán entonces a buscar a Abrahán y le dirán: "Enséñanos la Torá". Y él les responderá: "Id a buscar a Isaac, que ha aprendido más que yo". Y este último les dirá: "Id a buscar a Jacob, que ha aprendido más que yo". Y Jacob les dirá: "Id a buscar a Moisés". [...] Como está dicho: "Irán de altura en altura" (Sal 84, 8) (Ketterer 1995: 58).

El padre genera para que el hijo pueda, a su vez, generar, y generar obras mayores; en cada generación hay una sobreabundancia que enriquece la experiencia y la empuja hacia el más.

c) La transmisión de padres a hijos tiene también, en la lectura de Ireneo, un efecto de reflujo, un camino que, desde el hijo, vuelve hacia el padre, haciendo crecer al progenitor. El término *recirculatio* es el usado para describir esta experiencia, en que sucede una regeneración del pasado. Y así dice nuestro Obispo: "el júbilo de Abrahán descendía a los que eran linaje suyo, que velaban y contemplaban al Cristo y creían en él. Inversamente, y con movimiento contrario, ascendía de los hijos el júbilo a Abrahán, deseoso de ver el día del adviento de Cristo" (San Ireneo, *Adv. haer.* IV, 7, 1). Y así, lo sucedido en el hijo revierte luego en el padre, comunicándole una vida más grande. Generar transforma a quien engendra. Jesús llevará a plenitud esta línea, convirtiéndose, de hijo de los patriarcas, en su padre, según la profecía: "a cambio de tus padres, tendrás hijos" (Aróztegi 2004: 180-187).

3.2. La relación hombre - mujer

Como trasfondo de esta cadena de generaciones se encuentra la unión de hombre y mujer, clave también en la antropología bíblica. Se expresa así con claridad que nadie engendra por sí solo. La mención de la paternidad no basta, sobre todo en nuestro tiempo de los "hijos del deseo", descritos por Marcel Gauchet (Gauchet 2010). Pues si la paternidad se reduce al deseo del padre, pierde su capacidad de dar más de sí: el padre encontrará en el hijo solo lo que él mismo puso.

La historia de Abrahán y Sara en Egipto (Gén 12, 10-20) hace patente este punto. El Patriarca, en efecto, experimenta una educación en la paternidad que pasa precisamente por la unión con su mujer. Mientras al principio está dispuesto a entregarla a otro hombre para salvar su propia vida, entenderá después que solo unido a ella puede alcanzar la vida que dura, propia de la promesa. Vendrá después la tentación de alcanzar descendencia a toda costa, unióndose a la esclava Agar (cf. Gén 16). Pero no es cualquier descendencia la que se asegura al Patriarca, sino la descendencia de la promesa, que está ligada necesariamente a Sara según la Palabra de Dios. La paternidad no consiste en un proceso meramente natural, sino en la apertura a una Promesa que desvela el futuro. El hijo de la promesa viene solo a través de Sara, lo que obliga a Abrahán a confiar en alguien más grande, el Dios que ha prometido la descendencia.

La generación ofrece entonces un punto de vista nuevo para entender lo propio del hombre y la mujer y lo que aportan de específico a la sociedad. Toda generación humana conlleva la participación de lo masculino y lo femenino. Queda así claro que la generación no puede reducirse a la voluntad del hombre, sino que se apoya en una realidad más grande: el don primordial de la natura sobre la que ambos, hombre y mujer, edifican su amor. La natura no es aquí simple dato bruto. Al contrario, solo ella, testimonio del don radical que es la vida, salvaguarda ese "más" que es propio de todo nacimiento, y que evita que la persona que nazca se reduzca al deseo del padre o la madre. Hombre y mujer, para generar, han de abrirse a un lenguaje originario, que les emplaza en la naturaleza y el cosmos. Ambos constituyen modos distintos (masculino y femenino) en que el origen primigenio de donde viene la vida se hace presente para el hijo. La diferencia sexual aparece así como signo que apunta al misterio singular de cada vida humana. De este modo la diferencia sexual tiene siempre papel de mediación, de camino que conduce a la fuente de la vida. Ella impide que este misterio se reduzca a un concepto dominable por el hombre, pues resguarda en la dualidad el misterio de un Padre que, siendo único, es capaz de engendrar. La presencia plena, dentro de la historia, de esa fuente originaria del amor, presencia que confiesa la fe cristiana, requiere una transformación del modo humano de generar, como nos enseñará Cristo.

4. Toda la novedad: la fecundidad de Jesús

Nuestras reflexiones sobre la generatividad han estado centradas en Cristo, porque inspiradas en su resurrección, nacimiento definitivo del Padre y punto culminante de los tiempos. La Pascua nos ha permitido volver la mirada a toda la historia para descubrirla como un camino de continuo crecimiento, "de generación en generación", "de altura en altura". Pues bien, este camino fue también recorrido por Jesús en su carne, a lo largo de los misterios de su vida, para hacerlo llegar a una nueva meta.

Para ilustrar este punto seguiremos de nuevo a San Ireneo. Enseña el Santo que el hombre, por ser al principio niño, *nuper factus*, no podía recibir alimento sólido, sino que debía tomar leche. No es que Dios no pudiera dar lo perfecto, sino que el hombre no podía recibirlo, estando recién formado; igual que la madre, por lo que a ella toca, puede dar al niño pan, pero no puede recibirlo el bebé. Justifica esto el largo tiempo preparatorio que precede a la Encarnación. Podríamos esperar que la venida del Hijo de Dios trajera el pan sustancioso. Así, Dios encarnado comunicaría al hombre finalmente pan perfecto, y no la leche con que debía contentarse hasta entonces.

Sin embargo, Ireneo propone otra solución. Con la Encarnación, el Hijo de Dios no trae todavía pan, sino que continúa él mismo tomando leche. El Hijo de Dios se hace niño, se hace *nuper factus*, debe aprender también a ser hombre, aprender a ser engendrado en la carne, a nacer a lo largo del tiempo (San Ireneo, *Adv. Haer.* IV, 38, 1). La novedad que Cristo comunica pasa por recorrer en su carne los caminos antiguos. En Él se realiza también el axioma: *Deus facit, homo fit*, también Él debe "ser hecho". Solo de este modo, al final de su vida, podrá darnos el pan de inmortalidad, que es el Espíritu del Padre.

Desde aquí se entiende una frase famosa de Ireneo, con respecto a la novedad de Jesús. ¿Qué novedad trajo el Salvador, preguntaban los gnósticos, si todo estaba ya tan bien anunciado en el Antiguo Testamento? *Omnem novitatem attulit semetipsum afferens, qui fuerat annuntiatus*, responde Ireneo (*Adv. Haer.* IV, 34, 1). Trajo toda la novedad al traerse a sí mismo.

Esto quiere decir: no hay en la venida de Jesús ningún mensaje nuevo que no fuera conocido en las profecías del Antiguo Testamento. Su novedad no es novedad de idea, sino novedad de presencia; se trata de la novedad de un nacimiento, que se realiza en la carne y sangre. En primer lugar se da en Cristo, como en todo nacimiento, la asunción de una herencia antigua: Jesús, al nacer, recapitula todas las generaciones humanas, comenzando por Adán. En este sentido podría parecer que no ha traído nada nuevo, pues todo había sido ya preanunciado en la carne del Pueblo. Por otro lado, como sucede en todo nacimiento, la herencia no lo es todo; sucede ahora un "más", un registro nuevo en que la herencia se expresa. Esta novedad tiene distintas fases:

a) Novedad de su nacimiento, llamado por los Padres *nova nativitas*, frente a la *vetusta nativitas* (nacimiento viejo) del hombre caído. Propio del pecado es haber hecho viejo, no solo el destino del hombre, sino su mismo origen, su nacimiento, ya que lo separó de la fuente originaria en Dios. Jesús trae un nacimiento nuevo porque recupera el vínculo con el Padre, fuente de toda novedad. Y no solo eso: Jesús es ahora engendrado en modo pleno desde Dios; el Padre pone en juego, por así decir, toda su paternidad para generar en carne a su Hijo eterno. De ahí que corresponda a este nacimiento la virginidad de María, Madre sin concurso de varón. Se transforma a partir de ahora lo que significa dar a luz, pues ha sido generado en el tiempo quien constituye el horizonte insuperable del tiempo. Iniciada aquí y consumada en Pascua, la virginidad introduce una nueva forma de mirar al futuro, en que puede renunciarse a tener hijos, porque se ha entrado en posesión del mañana último, del ayer, hoy y siempre de Jesús.

b) Novedad del camino que Jesús lleva a cabo a lo largo de su vida, y que se caracteriza por una nueva actuación del Espíritu, recibido en el Jordán. Allí el Espíritu se da en plenitud, y no en parte, como se había concedido a los profetas; y no solo *desciende* sobre Cristo, igual que descendiera sobre los profetas, sino que *reposa* en Él, encuentra allí su morada permanente. Al Espíritu corresponde una novedad que recorre el tiempo: Cristo es aquí generado en libertad; su libertad se engendra en el tiempo a medida que camina hacia su hora; y el Espíritu es el artífice de tal generación continua.

c) Novedad del Resucitado, novedad plena porque ahora nace definitivamente en Dios, según un nacimiento insuperable. Cristo, en la resurrección, es generado en su carne a la vida plena de Dios, según un nacimiento que, a diferencia del de Belén, incluye su libertad humana. La carne gloriosa de Jesús es el fruto de su vida y muerte. Como ha dicho Antonio Orbe, propio de este momento es que la carne puede ahora recibir tanto como Dios dar (Orbe 1965, 544). La visión de San Ireneo es compartida también por Hilario de Poitiers, que considera cuatro nacimientos de Jesús: del Padre antes del tiempo, en Belén, en el Jordán, en Pascua (San Hilario de Poitiers, *Tr. Ps.* II, 27).

d) La resurrección, generación definitiva de Cristo, trae consigo también su capacidad para transmitir la vida a otros. Pues el Padre ha comunicado al Hijo, no solo que tenga vida, sino que la comunique a sus hermanos (cf. Jn 5, 21.26). Desde aquí va a cobrar un sentido nuevo la frase de San Ireneo: *Deus facit, homo fit*. Ahora

Deus se refiere al *Verbum caro factum*; el Dios que obra es el Verbo encarnado, capaz de modelar al hombre. Aquí Dios hace, engendra, a través de la humanidad de Jesús; y el hombre, hermano de Cristo, es el que se deja hacer, recibiendo de Él la plenitud. Se inaugura de este modo el tiempo generativo de la Iglesia, a raíz de la novedad total traída por Cristo (Orbe 1989: 141). Los cristianos participarán, a su vez, de esta fecundidad de Cristo.

A partir de Jesús se entiende que toda la historia del mundo marche hacia un nacimiento definitivo, que invita a ver el sufrimiento de la historia como un dolor fecundo, dolor de parto. A esta luz podía definir Péguy al desesperado: quien es incapaz de descubrir la fecundidad que toda tribulación trae consigo (Mounier 2000: 74). Aún más, según San Ireneo este nacimiento definitivo no terminará nunca; será más bien un nacimiento continuo, pues Dios seguirá enseñando siempre al hombre, y el hombre nunca dejará de aprender de Dios (San Ireneo, *Adv. Haer.* II, 28, 3).

5. El Dios que engendra

Esencial para la nueva evangelización no es solo anunciar a Dios, sino presentar su imagen de modo adecuado. De hecho, la secularización moderna no comenzó rechazando a Dios *tout court*, sino, más precisamente, la imagen de Dios como Padre que genera. Podía admitirse, si acaso, que Dios genera solo el primer momento de la historia, pero en ningún caso su entero curso, dejado al arbitrio humano. Se pretendía así apartarse del origen; el progreso era una llegada a la edad adulta, por fin madura, libre de infantiles dependencias. Sin embargo, al eliminar para ello la figura paterna, el hombre dejaba de comprender su propia paternidad. De ahí que rechazar la paternidad de Dios no consistiera solo en una pérdida del origen, sino, además, en un alejamiento del futuro. Pues Dios no es solo el dador primero de quien aceptamos el mundo. Su don tiene la virtud, además, de hacernos dadores, generadores de otros. Karol Wojtyla ha descrito a esta luz la figura de Adán: más que un rebelde que quiere autonomía es un hombre acobardado, porque no se atreve a engendrar; su soledad es la soledad de un padre sin hijos, que no quiere cargar sobre sí con el destino de otros, único modo de agrandar el propio destino (Wotyla 1982). Esta es la situación del hombre moderno, que se rebela contra las figuras paternas para no tener que responder a los que le seguirán. De hecho, ninguno le seguirá, porque ninguno superará el tiempo moderno, ya que este se concibe como época última y definitiva, fin de la historia. La rebelión contra el padre anula la posibilidad de convertirse en padre y cierra el futuro del hombre, haciendo estéril todo desarrollo.

Sin embargo, el Dios cristiano no es un Dios que paraliza al hombre, sino aquel que abre su futuro. De hecho, la fe bíblica es el precedente de esa visión lineal de la historia que luego heredó, secularizándola, el ideal moderno del progreso ilimitado. Si la historia no sigue el ciclo repetitivo de las estaciones, es porque Dios, el Dios tan grande que nunca se repite, ha actuado en ella, ha puesto en ella su semilla. Por eso merece recordarse todo evento pasado en que Dios actuó. A su vez, estos eventos, siendo obras divinas, no pueden contenerse en lo pretérito, rebosan vida y se hacen semilla de futuro: son una promesa que abre el futuro. Por eso el Dios cristiano es un Dios generativo, que se hace presente en el nacimiento del hombre y le permite a su vez engendrar. Su rostro aparece, no donde la vida se empobrece y necesita un repuesto, sino en ese lugar en que la existencia da más de sí, en que se hace exuberante.

Todo esto nos conduce ya a un modo concreto de concebir a Dios. El Dios cristiano, como lo pinta Miguel Ángel en la Sixtina, es un Dios activo, que se mueve entre la materia, que modela el mundo, que entra en contacto con la línea y el color. Dado que Dios está activo en el cosmos y en la carne del hombre; y dado que la carne es el lugar donde todo lo creado se vincula entre sí; se sigue que el Dios cristiano, en cuanto alfarero, modelador del barro, aparece como un Dios presente en las relaciones. De ahí que los Padres unieran esta imagen, la de Dios inclinado sobre el barro, con otra sobre las manos de Dios, que son el Verbo y el Espíritu. La carne invoca siempre la relación, el Dios alfarero es un Dios relacional. Y así, la presencia de Dios en la carne, generándola y haciéndola generativa, descubre que la generatividad es la esencia suya más íntima, como Padre que desde siempre tiene un Hijo. Descubrimos así un nexo entre la capacidad de Dios para tocar la carne y el misterio de su ser trinitario. Así lo intuye San Ireneo, que asocia la plasmación del barro en la historia a la actividad trinitaria de Dios: "el Padre lo tiene a bien y ordena; el Hijo sirve y da forma; el Espíritu nutre y da incremento; el hombre adelanta y llega a lo perfecto..." (San Ireneo, *Adv. Haer.* IV, 38, 3). El Padre aparece como aquel que, dando origen a la materia y declarándola buena, testimonia el don primario que el hombre está llamado a reconocer; el Hijo, por su parte, confiere forma y estructura, define las relaciones concretas que se establecen en la carne y el orden que se da entre ellas; el Espíritu, por último, es fuerza dinámica, que anima las relaciones y las hace generar más allá de sí, hacia su meta última en comunión con el Padre.

Notemos, por último, que la fecundidad es una nota, sea del Padre, como origen primero de la paternidad, sea del Hijo que, engendrado, se hace capaz de generar (se le da para que pueda dar) y puede asumir por eso multitud de hermanos ("heme aquí, y los hijos que Dios me ha dado": Hb 2, 13); sea del Espíritu, como desbordamiento del amor más allá de la díada, presupuesto del don *ad extra* creatural, fuerza dinámica que hace crecer la vida. Por tanto la generatividad es propiedad relacional, toca a todas las personas de la

Trinidad, respetando el orden entre ellas por tener su fuente en el Padre.

Conclusión: la generatividad de la fe

En resumen, todo lo dicho nos invita a entender el cristianismo como una religión generativa. La generación nos dice, en primer lugar, el misterio mismo de Dios, que es desde siempre Padre y desde siempre tiene un Hijo. La sobreabundancia de esta generación es la fecundidad del Espíritu, unión misma entre el Padre y el Hijo, que genera siempre más allá de sí. En el Hijo y el Espíritu, el Padre crea el mundo y da forma al hombre, primer ser que nace del Creador y, aceptando su nacimiento, se hace capaz de dar a luz. La relación hombre – mujer recibe entonces un puesto central, pues en ella se preserva el nexo entre el amor generador de Dios y la generación humana. Comienzan así los compases de la historia humana, en que se genera lentamente, por acción del Espíritu sobre la carne, la libertad del hombre, como persona y como comunidad. El proceso llegará a su culmen en la Encarnación del Hijo, cuando aquel que nace eternamente del Padre nazca también en la serie de las generaciones. La vida entera de Jesús es un progreso de nacimiento en nacimiento, hasta el nacimiento final de la Pascua. Nada más grande puede engendrarse cuando se ha engendrado en el tiempo al mismo Hijo de Dios. La Iglesia surge como comunidad generativa que, en los sacramentos, recibe la vida de Dios y la comunica a los hombres, hasta el nacimiento definitivo de todo.

Si nuestra crisis cultural es crisis de generatividad, de falta de futuro, la fe nos invita a volver la mirada a la experiencia del nacimiento, fruto de la unión de hombre y mujer. Es allí donde el hombre pro-crea, según un uso del prefijo "pro" que significa "más allá", pues en él se abre el porvenir del hombre (Melina 2006: 133). Tal generatividad pasa por recuperar una visión relacional de la persona, entendiendo que nadie genera por sí solo. Se confirma así la importancia del matrimonio y la familia, sea para presentar la fe cristiana, sea para resolver la gran crisis de futuro de nuestro tiempo. "Oh! ¡El mañana es la gran cosa! ¿De qué estará hecho el mañana?" (Derrida 2003). A la pregunta inquietante de Víctor Hugo podemos decir que el mañana, o será generado, o no será. Desde este punto de vista, solo la familia y la fe tienen futuro, en cuanto se apoyan sobre una experiencia concreta: que la promesa divina puede generar para el hombre el futuro inagotable de Dios.

Bibliografía

ARÓZTEGI, M., *La amistad del Verbo con Abraham según San Ireneo de Lyon*, Editrice Pontificia Università Gregoriana, Roma 2004.

BOTTURI, F., "Generatività: nascita del soggetto e dinamica interpersonale", en *Persona e natura nell'agire morale*, Cantagalli, Siena 2013 (de próxima aparición).

DERRIDA, J. –ROUDINESCO, E., *Y mañana qué*, Fondo de Cultura Económica, Buenos Aires 2003.

FALQUE, E., *Métamorphose de la finitude. Essai philosophique sur la naissance et la résurrection*, Cerf, Paris 2004.

GAUCHET, M., *Il figlio del desiderio. Una rivoluzione antropologica*, Vita e Pensiero, Miliano 2010.

GUARDINI, R., *Die Annahme seiner selbst*, Werkbund Verlag, Würzburg 1960.

JONAS, H., *Mortality and Morality. A Search for the Good after Auschwitz*, Evanston, IL 1996.

LADARIA, L.F., "Progreso" en *Diccionario de San Hilario de Poitiers*, Monte Carmelo, Burgos 2006.

LUHMANN, N., "The Future Cannot Begin: Temporal Structures in Modern Society", *Social Research* 43 (1976), 130-152.

MANCINI, R., *Esistere nascendo: la filosofia maieutica di Maria Zambrano,* Città Aperta Edizioni, Troina 2007.

MELINA, L. "La responsabilità procreativa nella visione cattolica", en L. MELINA, *Per una cultura della famiglia: il linguaggio dell'amore,* Marcianum Press, Venezia 2006, 132-147 (133).

MOUNIER, E., *Emmanuel Mounier et sa génération. Lettres, carnets e inèdits,* Parole et Silence, Paris 2000.

ORBE, A., "El hombre ideal en la teología de S. Ireneo", *Gregorianum* 53 (1962) 449-491.

_____, "Homo nuper factus", *Gregorianum* (1965), 481-544.

_____, "La definición del hombre en la teología del siglo II", *Gregorianum* 48 (1967), 522-576; ID., *Espiritualidad de San Ireneo,* PUG, Roma 1989.

VIGNOLO, R., "La 'confessione antropologica' di Sap 7,1-6, anticamera della preghiera per la Sapienza", en *L'intelletto cristiano. Studi in onore di mons. Giuseppe Colombo per l'LXXX compleanno,* Glossa, Milano 2004

WOJTYLA, K., «Raggi di paternità», en *Fratello del nostro Dio e Raggi di Paternità. Drammi.* Libreria Editrice Vaticana, Città del Vaticano, 1982.

CAPÍTULO 4

El grano de trigo y la paradoja del fruto

Luis Sánchez Navarro*

"En verdad, en verdad os digo: Si el grano de trigo no cae en la tierra y muere, se queda solo; pero si muere, da mucho fruto" (Jn 12,24).

Es conocida la predilección de Jesús por el lenguaje figurado; su enseñanza en parábolas y la riqueza de las imágenes que emplea atestiguan esa querencia. Pero cuando se aproxima la culminación de su existencia terrena, su pasión en Jerusalén, esta capacidad es sometida a la prueba. En efecto, ¿cómo explicar de una forma comprensible el misterio de un trágico destino humano que, en su violenta brutalidad, entra, sin embargo, como un elemento fundamental en el designio de Dios? ¿Cómo hacer ver la fecundidad de una muerte?

Hablar de fecundidad es hablar de vida. Los frutos brotan de la vida: de una rama verde, de un seno joven. La rama marchita o el seno avejentado no pueden dar fruto. Jesús lo sabe muy bien:

* Profesor numerario de Nuevo Testamento en la Facultad de Teología de la Universidad Eclesiástica "San Dámaso", Madrid.

"Suponed un árbol bueno, y su fruto será bueno; suponed un árbol malo, y su fruto será malo; porque por el fruto se conoce el árbol" (Mt 12,33). Sólo el árbol "bueno", lleno de vida y sano, puede fructificar; de otro modo producirá un "no-fruto", malo, inútil.

Jesús sin embargo es portador de una vida (*zōē*) que se ha de comunicar precisamente mediante la entrega de su propia vida (*psykhē*). Como dice él mismo, "el buen pastor *da su vida* (*psykhē*) por las ovejas" (Jn 10,11); sólo así realiza su misión: "Mis ovejas escuchan mi voz... y yo les doy *vida* (*zōē*) eterna" (10,27-28). De esta manera abre un nuevo camino de fecundidad. Pero ¿cómo se puede expresar esta paradoja que desafía la naturaleza: una muerte fecunda?

La imagen del "grano de trigo", que hallamos en el evangelio según Juan, lo hace posible.

1. El contexto (Jn 12)

La declaración de Jesús en Jn 12,24 pertenece a los acontecimientos finales de su vida, tras la entrada mesiánica en Jerusalén; el capítulo 12 de Juan supone el comienzo de la pasión que en Juan 13, con el relato de la cena, tendrá su obertura solemne. En este contexto, momento fundamental del ministerio de Jesús, hallamos la densa perícopa que contiene esta palabra (Jn 12,20-33).

El episodio se abre con la llegada de unos griegos que quieren "ver a Jesús" (12,20-21), anticipando así la universalidad de la salvación que él trae, y que de forma irónica – con la "ironía joánica" (ver Brown 1999: 175-176)– acaban de predecir sus adversarios: "Mira, el mundo se ha ido tras él" (12,19). Esta dimensión universal de la obra de Jesús ha sido afirmada desde el comienzo del evangelio: Jesús es el cordero que "quita el pecado *del mundo*" (1,29); su envío es consecuencia y manifestación del amor del Padre *al mundo* (3,16). Jesús tiene ovejas "que no son de este redil", y que están llamadas a escuchar su voz (10,16). Su procedencia étnica hace de estos griegos los primeros gentiles (no-judíos) que en Juan acuden a Jesús; no se trata en efecto de judíos de lengua griega, que el Nuevo Testamento llama "helenistas" (He 6,1; 9,29; 11,20), sino que tienen origen pagano, ya sean prosélitos o temerosos de Dios (ver Léon–Dufour 1992: 365). El lector presiente, por tanto, que todo el ministerio público de Jesús apuntaba a este momento: la llegada de estos "griegos" dará paso a la revelación definitiva de su mesianismo.

La declaración inicial del nazareno parece confirmar esta impresión: "Ha llegado la hora de que sea glorificado el Hijo del hombre" (Jn 12,23). Todo el evangelio, desde las palabras de Jesús en Caná (2,4), está orientado a la llegada de esta "hora" que se insinúa de forma paulatina: en diversos momentos Jesús dice que su hora "llega", "está llegando" (verbo en presente: 4,21.23 y 5,25.28), pero más adelante el narrador afirma con insistencia que todavía "no había llegado su hora" (verbo en pluscuamperfecto: 7,30; 8,20). Sólo en el pasaje que nos ocupa Jesús declara por vez primera que esa hora, hacia la que tiende toda su vida (de La Potterie 2007: 4), ha llegado. Comienza la glorificación de Jesús.

2. El grano de trigo (Jn 12,24)

Las palabras que siguen manifiestan sin embargo lo paradójico de esa "gloria" y provocan desconcierto, ya que no hablan de manifestación gloriosa de Jesús sino de ocultamiento y de muerte. Ya la solemne expresión inicial "en verdad, en verdad" (*amén amén*), característica de Jesús y que contiene en germen toda la cristología (Schlier 1933: 341-342), nos permite intuir su hondo calado.

Jesús comienza hablando de un grano de trigo. Se trata por tanto de una metáfora que acerca esta declaración a las parábolas de la siembra; en particular a la del sembrador (Mc 4,3-9 par.), con su insistencia en el fruto abundante, y a la del grano de mostaza (Mc 4,30-32 par.) que también nos habla de un desarrollo portentoso de la semilla. Estas parábolas sinópticas ilustran la misteriosa realidad del reino, definitivamente mediado por Jesús; en Juan los tiempos verbales, en presente, hacen pensar que se trata de un aforismo de carácter atemporal, pero el contexto deja clara su referencia a Jesús: "El tercer término [de la comparación] no puede ser sino el mismo Cristo" (Rasco 1959: 65). Quien con anterioridad se ha designado como "pan de la vida" (Jn 6), se esconde ahora bajo esta metáfora. Sin embargo la imagen empleada en el 4º evangelio contiene frente a las parábolas sinópticas un elemento nuevo: la referencia a la muerte.

Pero este elemento, que confiere dramatismo a la declaración, también contribuye a desvelar su verdadero significado. En efecto, es impropio hablar de un grano de trigo que "muere" al caer en tierra; queda oculto, sí, pero en modo alguno muere sino que al contrario desarrolla toda su vitalidad. A este rasgo se une otro que también podemos considerar impropio: la afirmación de que el grano que no cae en tierra y muere "se queda solo" (gr. *monos menei*), algo que para Emilio Rasco es una "sorprendente expresión que a primera vista parecería poco adecuada para expresar el tema de que se trata" (1959: 15). Esperaríamos "queda infecundo, estéril" (gr. *ákarpos*, como por ejemplo en Mc 4,19 par., referido también a una semilla), o bien "se pudre, se corrompe" (como sugiere Rasco 1959: 65). Pero ambos elementos cobran todo su sentido si comprendemos su referencia a la historia de Jesús. En efecto, Jesús va a morir y caer en la tierra; tal como nos narra el evangelio, José de Arimatea y Nicodemo enterrarán el cuerpo muerto de Jesús en un huerto cercano al lugar de la crucifixión (Jn 19,42). "Al hablar sobre el grano de trigo que «muere», Jesús piensa ante todo en sí mismo" (Jülicher 1976: 201). De modo que Jesús está prediciendo su muerte, ya profetizada por Caifás (11,49-50) y por él mismo (12,7); con razón se ha mostrado la dimensión sacrificial de este dicho de Jesús (Rasco 1959: 73-75). "Jesús mismo se ha convertido en grano de trigo que, muriendo, da mucho fruto" (Ratzinger/Benedicto XVI 2007: 57).

La imagen del grano de trigo referido a la muerte en espera de la resurrección vuelve a aparecer en el NT; hablando a los corintios sobre la resurrección de los cuerpos, Pablo enuncia primero un principio general: "Necio: lo que tú siembras no revive si no muere", y a continuación habla de un "grano de trigo" que recibe un cuerpo en la resurrección (1 Cor 15,36-38). Pero en Juan la imagen tiene una riqueza mayor, que deriva de la insistencia en el fruto: mediante su entrega Jesús no sólo recobrará la vida sino que va a generar un pueblo; ya durante su vida terrena anunciaba que al ser elevado sobre la tierra atraería a todos hacia sí (Jn 12,32). El misterio pascual de Jesús es el origen de una nueva familia; tras la resurrección dirá a María Magdalena que comunique a sus "hermanos" la gran noticia (20,17). Por su misterio pascual, Jesús no va a estar nunca "solo"; su fruto será abundante ("*mucho* fruto").

Este significado de la metáfora queda reforzado por la imagen veterotestamentaria que evoca: Israel como brote o tocón. Al "resto de Israel" (cf. Is 4,3), ese núcleo que ha permanecido fiel a Dios en un pueblo reducido a su mínima y humillante expresión a causa de su infidelidad y del dominio extranjero, Dios le promete una restauración futura, siguiendo la paradoja de la semilla: "Aquel día el germen del Señor será magnífico y glorioso, y el fruto de la tierra será la prez y el ornato de los bien librados de Israel" (Is 4,2; ver también Jr 23,5; Za 3,8; 6,12). "El «resto» será como una especie de «tronco», de «semilla santa» (Is 6,13), que «se salvará» de todas formas; una semilla que dará origen a todo el futuro pueblo de los salvados (cf. Is 65,8-12; Hab 17; Jl 3,5) y comprenderá también a los paganos (Is 66,19; Zac 9,7)" (de Lorenzi 1990: 786). Esta imagen bíblica tiene además fuertes connotaciones mesiánicas: "A menudo el «resto» y el mesías se describen en Isaías con los mismos términos" (Cimosa 1990: 1179). El mesías se ha de convertir, desde la humillación y la impotencia, en una planta frondosa y salvadora.

Todo ello nos permite comprender la paradójica respuesta de Jesús; "a la solicitud de un grupo de peregrinos griegos de obtener un encuentro, Jesús contesta con una profecía de la Pasión, en la cual interpreta su muerte inminente como «glorificación», una glorificación que se manifestará en la gran fecundidad obtenida [...] Sí, los griegos lo «verán»: irá a ellos a través de la cruz. Irá como grano de trigo muerto y dará fruto para ellos. Ellos verán su «gloria»: encontrarán en el Jesús crucificado al verdadero Dios" (Ratzinger/ Benedicto XVI 2011: 31). Entonces se cumplirá para todos los hombres la gran profecía del "ver": "Mirarán al que traspasaron" (Jn 19,37; cf. Za 12,10).

Una nueva observación nos permite profundizar en el sentido de esta palabra de Jesús atestiguada por Juan. En momentos señalados de este evangelio Jesús afirma no estar nunca solo (*monos*), sino en constante comunión con el Padre (Jn 8,16; 16,32); pero esto se debe a que él siempre es fiel a su voluntad: "No me ha dejado *solo*, porque yo hago siempre lo que le agrada" (8,29). De modo que la entrega de su vida es el medio para perpetuar su comunión con el Padre, para no "quedarse solo"; "por tanto, si Cristo no llevara hasta su cumbre final el acto de obediencia y de amor incluido en la muerte, «se quedaría él solo»" (Rasco 1959: 71). Aquel que en la cruz gritará "Dios mío Dios mío, ¿por qué me has abandonado?" (Mc 15,34) es paradójicamente consciente de que el "ser exaltado" (cf. Jn 12,32) es la forma de perpetuar su comunión con el Padre, de no quedarse nunca "solo".*Esta unión con el Padre es lo que ha de posibilitar su fecundidad.

Podemos decir, en una primera síntesis, que el *logion* de Jn 12,24 representa una verdadera profecía de la Pasión y la resurrección que nos recuerda los "anuncios de la Pasión" en los sinópticos, pero que se diferencia de ellos en su carácter alegórico y en la referencia al fruto.

3. La interpretación de la palabra (Jn 12,25-33)

El dicho del grano de trigo no está aislado, sino que da comienzo a una serie de palabras de Jesús que lo completan e iluminan. En primer lugar otro *logion*, este sí atestiguado –con ligeras variantes– por la tradición sinóptica: "El que ama su vida la pierde, y el que odia su vida en este mundo la guardará para la vida eterna" (12,25; cf. Mt 10,39; 16,25; Mc 8,35; Lc 9,24; 17,33); el hecho de que en los tres primeros evangelios esta enseñanza aparezca tras el primer anuncio de la pasión (Mt 16,21-23 ‖ Mc 8,31-33 ‖ Lc 9,22) confirma lo que por otro lado era ya obvio: la referencia de Jn 12,24 al misterio pascual de Jesús. Lo que antes se ha dicho alegóricamente (grano que cae en tierra y muere), ahora se repite de forma abierta con las categorías de "amar" y "odiar" la propia vida. Sin esa radical subordinación a la voluntad de Dios que los evangelios expresan con el semitismo de "odiar la propia vida", no es posible la fecundidad; Jesús, en la entrega obediente de su vida, será la más plena realización de esta sentencia. Este dicho nos indica además que el "fruto" del versículo anterior guarda relación con la "vida eterna"; en su comentario a este pasaje de Juan, Cirilo de Alejandría combina ambas expresiones: "Pues el *fruto* de los padecimientos de Cristo fue la *vida* de todos, muertos y vivientes; pues se ha convertido en *semilla* de *vida*, la *muerte* de Cristo" (PG

74: 85). Lo que vale para Cristo, vale también para sus discípulos; "la sentencia sobre amar y odiar la vida enlaza directamente con la entrega personal que Jesús hace de su vida y demuestra al discípulo que tampoco para él la muerte es ocaso, sino culminación de la vida verdadera" (Schnackenburg 1980 II: 475).

A continuación leemos otro dicho característico del 4º evangelio: "Si alguien me sirve, que me siga, y donde estoy yo, allí estará también mi servidor; si alguien me sirve, el Padre lo honrará" (12,26). La mención del "seguimiento" nos indica que lo que antes decía Jesús acerca de su muerte fecunda no lo dice sólo para sí mismo; la misma lógica preside la existencia de todo aquel que lo sigue: nunca caminará en tinieblas sino que tendrá la luz de la vida (8,12). En cuanto a la noción de "servir" (*diakonía*), es significativo el hecho de que se identifique con el seguimiento; "el caminar detrás de Jesús pasa a ser en Jn un servicio" (Schnackenburg 1980 II: 476). Ello nos manifiesta que la fecundidad no es posible sin hacerse previamente siervo, incluso esclavo ("el esclavo [*doulos*] no es más que su señor": Jn 13,16; 15,20). En la tradición sinóptica Jesús emplea esta categoría para referirse a la entrega de sí: "El Hijo del hombre no vino a ser servido sino a *servir* y dar su vida en rescate por muchos" (Mt 20,28 || Mc 10,45). En Juan, Jesús promete la perpetua comunión consigo a todo aquel que le sirva de semejante manera; el recibir "honra" de parte del Padre equivale a compartir la gloria del Hijo (Schnackenburg 1980 II: 477).

Un tercer dicho de Jesús, este de sabor típicamente joánico, cierra la perícopa (Jn 12,20-33) y nos ayuda a interpretar el *logion* del grano de trigo: "Y yo, cuando sea elevado de la tierra, atraeré a todos hacia mí" (Jn 12,32). El "ser elevado de la tierra", movimiento inverso al "caer en la tierra" (v. 24), expresa la glorificación de Jesús (cf. 12,28). Una glorificación que se ha de producir en su misma muerte, tal y como apunta el evangelista: "Esto lo decía indicando de qué muerte iba a morir" (12,33). "Jesús es *elevado* en la cruz, al contrario del grano de trigo que *cae* en tierra y muere pero, por morir, también él es elevado sobre el suelo. La muerte del grano de trigo suscita, en el plano natural, una vida nueva; lo mismo hace la de Jesús en el plano sobrenatural" (de La Potterie 2007: 7-8). En Jn 12,32 la fecundidad del misterio pascual, del grano de trigo que cae en la tierra y muere, es máxima: atraer hacia sí "a todos". La entrega de Jesús ha de producir un fruto abundante (cf. 12,24); "él mismo es el grano. Su «fracaso» en la cruz supone precisamente el camino que va de los pocos a los muchos, a todos" (Ratzinger/ Benedicto XVI 2007: 231).

4. El misterio del fruto

Nuestra lectura de Jn 12,24 nos lleva ahora a ampliar nuestro horizonte y preguntarnos por el misterio del "fruto", tal y como aparece en el evangelio de Juan. Esto supone una breve mirada retrospectiva hacia la actividad de Jesús en Samaría (Jn 4), para después adentrarnos en el discurso de la cena (Jn 15).

Mientras la samaritana se ausenta para ir a contar en la ciudad su encuentro con Jesús, tiene lugar un diálogo del Señor con sus discípulos que gira en torno a la cosecha y el fruto. Leemos en ese contexto: "El segador recibe paga y recoge *fruto* para vida eterna, para que se alegre el sembrador junto con el segador" (Jn 4,36). Se trata de un pasaje cercano a 12,24 por varios rasgos: se habla de un fruto que consiste en vida eterna (cf. 12,25); además el contexto (Samaría, tierra no-judía: "No se tratan los judíos con los samari-tanos", Jn 4,9) sugiere una salvación que se extiende más allá de los confines del pueblo judío abriéndose así a la universalidad. Los discípulos segarán en Samaría el fruto que no han sembrado; el sembrador ha sido Jesús (Muñoz León 2003: 618), en su paciente diálogo de salvación con la mujer que luego se ampliará a muchos de aquella ciudad (4,39). El fruto, como ya se intuía en 12,24, son los hombres, las personas. "*Karpós* (fruto) es un término de misión (…). La acción del Jesús terrestre y más todavía su muerte sacrificial (Jn 12,24) conduce a una abundante cosecha de misión, a una creciente comunidad de fe (…); el verdadero tiempo de la recolección comienza sólo con su exaltación" (Schnackenburg 1980 I: 518). Esto, la salvación de los hombres, es lo que alegra conjuntamente a quien siembra y a quien siega; el fruto es alegría, como atestigua el salmo: "Los que sembraban con lágrimas, cosechan entre cantares" (Sal 126,5).

Esta comunión en la misión entre Jesús y sus enviados pasa a primer plano en la alegoría de la vid (Jn 15,1-8). Notemos que, quien antes se presentaba como semilla, ahora se presenta como una planta ya desarrollada; ello permite expresar la íntima relación que existe entre Jesús (vid) y quienes misionan en su nombre (sarmientos): forman un único organismo. De esta manera Jesús ahonda la reflexión sobre el misterio del fruto. En primer lugar, el fruto depende de la comunión con Jesús, que es por tanto su origen (v. 5); ya lo habíamos descubierto en el episodio de Samaría, pero el planteamiento vid/sarmientos manifiesta plásticamente que el fruto, 100% del sarmiento, es también 100% de la vid, y depende en último termino del arraigo en ella. "La acción del libre albedrío está muy marcada (…). Y sin embargo, ellos no pueden dar ningún fruto, es decir una obra buena en el orden de la salvación, sin la savia que ellos toman de él" (Lagrange 1936: 403). Como señala Rasco acerca de 12,24, "el fruto no pertenece a otro: procede en su totalidad del grano y de él depende, de modo semejante a como nuestra vida, nuestras obras, nuestro mérito, e incluso nuestros trabajos apostólicos, son de Cristo, que actúa en nosotros mediante su Espíritu" (1959: 75),

En segundo lugar: puede darse el caso de un sarmiento que no dé fruto; "habrá pues personas que se refieren a Cristo y verdaderamente unidas a él, sin duda por la fe sola, y que pese a ello, por no dar fruto, es decir por no tener caridad, se exponen a ser arrancados, es decir, completamente separados de Cristo" (Lagrange 1936: 402). Refiriéndose a esta misma realidad, Santiago afirma que la fe sin obras está muerta, es un cadáver (St 2,26). Y un cadáver no puede dar fruto. Un sarmiento así se destina a la hoguera (Jn 15,6); de modo que, como señaló lapidariamente Agustín al comentar este pasaje, el destino del sarmiento es la vid o el fuego: *Aut vitis aut ignis* (PL 35, 1842). El trágico final del sarmiento infecundo puede adquirir desgraciadamente personificaciones muy concretas: "En la atmósfera de la Última Cena podemos considerar a Judas como el sarmiento que no dio fruto; ahora es un instrumento en manos de Satanás y pertenece al reino de las tinieblas (13,2.27.30)" (Brown 2000: 1014). Este "ser arrancado y echado al fuego" de Jn 15 corresponde al "quedarse solo" de Jn 12,24 (Rasco 1959: 70).

A continuación Jesús explica el proceso de purificación del discípulo (el "sarmiento") que sí fructifica: no basta dar fruto, es necesario ser limpiado y podado por el viñador, es decir por el Padre de Jesús (15,1), para dar más fruto (15,2). Igual que el Hijo realiza con su entrega un fruto máximo ("atraeré a *todos*": 12,32), el Padre desea que los discípulos de su Hijo den también un fruto abundante. Pero para ello es fundamental *permanecer* en Jesús; nos hallamos ante el concepto clave de la perícopa (7 veces en 8 versículos). Ciertamente, un sarmiento que no está sólidamente injertado en el tronco no puede dar fruto, la savia no llegará adecuadamente; como dice Jesús ya en lenguaje realista, "fuera de mí no podéis hacer nada" (15,5). Dos son por tanto las condiciones para dar fruto en abundancia: dejarse podar por el Padre, y permanecer firmemente en Jesús. En realidad ambas condiciones van unidas, ya que el Padre poda y limpia mediante la palabra de Jesús (cf. 15,3), una palabra que, si "permanece" en el discípulo, lo identifica cada vez más con Jesús hasta el punto de que la petición del discípulo sea tan eficaz como la de su Maestro (cf. 15,7). "La imagen de podar los sarmientos para que produzcan aún más fruto implica un crecimiento en el amor que une con Jesús al cristiano y difunde la vida a los demás" (Brown 2000: 1014). Se percibe una sintonía de fondo entre esta enseñanza y la Eucaristía: en el discurso del pan de la vida (Jn 6) Jesús insiste en la necesidad de la comunión con él para poder tener vida (cf. 6,57); más aún, "las palabras «Yo soy el pan vivo» de 6,51 y «Yo soy la vid verdadera» de 15,1 forman un díptico joánico que no deja de parecerse mucho a las frases «Esto es mi cuerpo» y «Esta es mi sangre»" (Brown 2000: 1011). También aquí se manifiesta la profunda conexión de la alegoría de la vid con la palabra sobre el grano de trigo: "En lo que denominamos «pan» se contiene el misterio de la pasión. El pan presupone que la semilla –el grano de trigo– ha caído en tierra, ha «muerto», y que de su muerte ha crecido después la nueva espiga. El pan terrenal puede llegar a ser portador de la presencia de Cristo porque lleva en sí mismo el misterio de la pasión, reúne en sí muerte y resurrección" (Ratzinger/ Benedicto XVI 2007: 319).

La insistencia de Jesús en el fruto abundante llega a su culmen en el último versículo de la perícopa: "En esto es glorificado mi Padre, en que deis mucho fruto y lleguéis a ser discípulos míos" (15,8). El "mucho fruto" de los discípulos constituye la glorificación del Padre, y es lo que les permite llegar a ser realmente lo que ya son por la llamada y la elección. El fruto cada vez más abundante y de mayor calidad es lo que permite llegar a ser, de verdad, discípulo de Jesús; de manera que quien da un fruto escaso o mediocre está lejos de realizar su llamada, de ser fiel a su vocación.

Y así llegamos al último pasaje del evangelio en que aparece nuestro tema: "No me elegisteis vosotros, sino que yo os elegí y os dispuse para que vosotros vayáis y deis fruto y vuestro fruto permanezca, para que cuanto pidáis al Padre en mi nombre os lo dé" (Jn 15,16). Al retomar la cuestión en el mismo diálogo de la cena, Jesús añade algunos elementos importantes para la "teología del fruto": el fruto que darán sus discípulos es consecuencia de su elección por Jesús, no es obra de su propia iniciativa; y también refleja la determinación del Maestro en que realicen esa misión, una determinación que se manifiesta en la cuidadosa instrucción y preparación dispensada a los suyos: "Os dispuse". Además, el fruto de los discípulos tiene carácter permanente, es un fruto que está llamado a "permanecer", a durar en el tiempo; en este sentido trasciende con mucho el fruto de la vid, uva caduca destinada a perecer: "Los frutos son obras sólidas y duraderas" (Lagrange 1936: 408). El fruto del discípulo no es por tanto flor de un día sino construcción estable y llamada a permanecer, tal y como manifiesta la enseñanza atestiguada por Mateo acerca de la "casa" edificada sobre la "roca" de su palabra (Mt 7,24-25).

Dos últimas observaciones acerca de este decisivo versículo. Primera: Jesús no habla de "vuestros frutos" sino de "vuestro *fruto*", en singular. Los discípulos del Señor no dan fruto cada uno por su cuenta, sino que, todos unidos, dan un único fruto que consiste en la comunicación a los hombres de la única obra redentora de su Maestro; san Pablo expresará esta misma realidad mediante la imagen del único cuerpo de Cristo que, gracias a su diversidad, forman los cristianos (1 Cor 12; cf. Brown 2000: 1007). Y en segundo lugar: el fruto que dan los discípulos los configura con Jesús, haciéndolos tan agradables al Padre que éste les ha de conceder lo que le pidan en nombre de Jesús. En último término, por tanto, el "fruto" que dan los discípulos no es algo externo, que queda fuera de ellos, sino que los vincula entre sí y los transforma interiormente.

Ciertamente la fecundidad es un misterio. Un misterio que se realiza en la entrega de Jesús y que se prolonga en la obra de sus discípulos. Un misterio que tiene su origen en la voluntad del Padre, que desea que el "fruto", la obra de salvación de su Hijo, alcance a todos los hombres; y que desea dar ese fruto mediante los sarmientos, los discípulos sólidamente injertados en su Hijo. Esta voluntad se concreta en el modo de proceder de Jesús que, humilde de corazón (cf. Mt 11,29), no fructifica al margen de los suyos sino que da fruto *en* la fecundidad de sus discípulos. Ese fruto es en último término la comunicación del Espíritu; el Resucitado se lo comunicará a sus discípulos para que a su vez lo comuniquen a todos los hombres (cf. Jn 20,22-23).

Conclusión: lo que hace fecunda la vida

La densa palabra de Jesús en el umbral de su pasión acerca del grano de trigo que, muriendo, da fruto, nos ha introducido en el misterio de la fecundidad cristiana. Una fecundidad a primera vista paradójica, pero que encierra el secreto de la vida y de la alegría. No es posible dar fruto sin poner en riesgo la propia integridad; esto es algo que sabe bien toda mujer que ha experimentado la maternidad. Jesús lo vive de manera radical, y al hacerlo abre un camino de fecundidad para sus discípulos. Es ciertamente un camino que abarca toda la vida: mediante el misterio de la fecundidad realizado en la entrega cotidiana de su vida, los discípulos crecen en el amor a los hombres y en la comunión fraterna hasta alcanzar su objetivo, que no es sólo dar fruto sino convertirse ellos mismos en fruto, "llegar a ser discípulos" de Jesús (cf. Jn 15,8), haciéndose así –a imagen de su Maestro– un alimento capaz de alimentar a todos los hombres (cf. Jn 6,51).

Bibliografía

BROWN, R. E., *El Evangelio según Juan I-II*, Cristiandad, Madrid ²1999-²2000.

CIMOSA, M., "Mesianismo", en: ROSSANO, P. - RAVASI, G. - GIRLANDA, A. (eds.), *Nuevo diccionario de teología bíblica*, Paulinas, Madrid 1990, 1170-1187.

DE LA POTTERIE, I., *La Pasión de Jesús según San Juan. Texto y espíritu*, EE.T 97; BAC, Madrid 2007.

DE LORENZI, L., "Iglesia", en: ROSSANO – RAVASI – GIRLANDA (eds.), *Nuevo diccionario de teología bíblica*, 785-806.

JÜLICHER, A., *Die Gleichnisreden Jesu*, Wissenschaftliche Buchgesellschaft, Darmstadt 1976 (reimpr. de ²1910, ¹1888).

LAGRANGE, M.-J., *Évangile selon Saint Jean*, ÉB, Gabalda, Paris ⁵1936).

LÉON-DUFOUR, X., *Lectura del Evangelio de Juan II*, BEB 69, Sígueme, Salamanca 1992.

MUÑOZ LEÓN, D., "Evangelio según san Juan", en: *Comentario Bíblico Latinoamericano* (ed. LEVORATTI, A.J.), vol. II: Nuevo Testamento; Estella 2003, 589-682.

RASCO, E., "Christus, granum frumenti (Jo 12. 24)": *Verbum Domini* 37 (1959) 12-25; 65-77.

RATZINGER, J./BENEDICTO XVI, *Jesús de Nazaret. I: Desde el Bautismo a la Transfiguración*, La esfera de los libros, Madrid 2007.

_____, *Jesús de Nazaret. II: Desde la Entrada en Jerusalén hasta la Resurrección*, Encuentro, Madrid 2011.

SCHLIER, H., "avmh,n": *TWNT* I, 1933, 339-343.

SCHNACKENBURG, R., *El Evangelio según San Juan I-III*, Herder, Barcelona 1980.

CAPÍTULO 5

La sobreabundancia del Espíritu

LUIS GRANADOS GARCÍA *

El mejor de los griegos, el que sería el héroe más grande de la guerra de Troya, estuvo por un tiempo escondido a los ojos del mundo. Así lo narra el mito de Aquiles, oculto en el gineceo. Su madre, la diosa Tetis, fue alertada de que su hijo, aun siendo in-mortal, moriría si participaba en la guerra de Troya. La cuestión se complicó con el oráculo que recibió la armada griega de que solo vencerían contra los troyanos si contaban con la presencia de Aquí-les. Estas dos condiciones llevaron a Tetis a ocultar a su hijo en un lugar recóndito, impropio para los hombres, donde estuviera a salvo de todo peligro: el gineceo de la corte de Licomedes, en Esciros. Allí pasó muchos años viviendo entre doncellas como una más de ellas. Esta fue su compleja alternativa: vivir en el anonimato muchos años de comodidad, o alcanzar un nombre perdiendo joven la vida en el combate; vida corta con gloria o larga sin ella (Gomá 2007).

Será Ulises, el astuto, quien lo espabile y le recuerde su destino. Disfrazado de mercader entrará en el gineceo y, una vez dentro, tocará a rebato. En un instante, se decidirá la suerte del hijo de Tetis,

---

* Profesor invitado de Teología moral en la Facultad de Teología de la Universidad Eclesiástica "San Dámaso", Madrid.

un mediocre de larga y cómoda vida o el campeón griego, cantado por Homero. Al sonido de la trompeta, se levantará y abandonará el gineceo, respondiendo a la llamada de los héroes.

La vida en el gineceo es impropia de Aquiles. No es ese su lugar, no es ese el ambiente en el que su vida dará fruto. Encaminarse hacia Troya significa aceptar la paradoja de la muerte: una existencia fecunda exige la renuncia a las seguridades y aceptar el riesgo de perderse. Aquiles debe "aprender a ser mortal". Para dar fruto, la semilla no puede ocultarse, sino que debe caer en tierra y morir.

Pero junto a esta paradoja del fruto, se manifiesta una nota no menos importante: la sobreabundancia. Entre la rutina del gineceo y la aventura contra Troya existe una sorprendente desproporción. ¿Quién podría pensar que entre las concubinas de Licomedes se ocultaba el verdugo del incomparable Héctor? De esta manera, en la existencia de Aquiles, y en toda vida humana, se anuncia una desproporción entre lo que uno es y lo que puede llegar a ser. A través de sus acciones – cuando estas son excelentes – el hombre se excede a sí mismo: se "estira", se dilata en sus capacidades.

Si esto es así con Aquiles, ¿qué ocurrirá entonces cuando entre en juego la acción del Espíritu Santo? ¿Qué nueva fecundidad y sobreabundancia se nos revela?

Podemos pensar en la vida de Cristo, que conoció ritmos muy distintos. También él vivió una temporada oculto, pero la de Nazaret no fue vida de engaño y cobardía, como la de Aquiles, sino de paciente preparación para la entrega. Tal fue la escuela de María y de José. Más tarde, Jesús saldrá para manifestarse con signos y palabras, y perder la vida, pero la suya será una muerte que da vida, una entrega confiada en el Padre. En su existencia se manifestará una sobreabundancia nueva, fruto del trabajo del Espíritu Santo en su humanidad. De Jesús se dirá que todo lo hizo bien, y la muchedumbre se admirará ante sus signos y su autoridad. ¿No es este el hijo del carpintero? ¿Acaso puede salir algo bueno de Nazaret?

Para profundizar en este misterio de sobreabundancia, comenzaremos mostrando su presencia en la dinámica de la creación y de la vida humana, y la forma que asume en la historia de la salvación (1). A partir de aquí determinaremos su verdadero "rostro", distinguiéndola de sus falsificaciones (2). Podremos así profundizar en la auténtica sobreabundancia divina, que es obra del Espíritu Santo en la humanidad de Jesús y en la nuestra (3).

1. Los "lugares" de la sobreabundancia

La naturaleza es exuberante. Quien observe con atención una puesta de sol, un paisaje de alta montaña o los amplios horizontes de la llanura, reconocerá esta generosidad y abundancia de colores, sonidos, olores... La naturaleza es exagerada, desbordante. Pensemos en las plantas y en los animales, en la inmensa variedad de formas y colores de los insectos, reptiles, peces, mamíferos, anfibios... ¿Por qué esa sobreabundancia? ¿Se debe simplemente al azar de una evolución ciega?

La misma estructura de la generación lleva escrita esta desproporción. Millones de células se ponen en movimiento para que nazca un único ser vivo. Y al mismo tiempo, un solo grano de trigo, si cae en tierra, engendra muchos granos. La variedad de formas y colores presentes en la creación desborda el simple criterio de lo que es útil y manifiesta una belleza sobreabundante y un amor originario. En la naturaleza encontramos así el primer "lugar" de la sobreabundancia.

Quizá, podríamos pensar en una explicación distinta y menos sorprendente del cosmos. Cada ser da según su naturaleza, según lo que le es debido. En realidad, no existe sobreabundancia ni sorpresa, sino la ley de la naturaleza, que marca lo propio de cada ser. ¿No es la naturaleza una realidad estable y fija que permite conocer las cosas y dirigir su crecimiento? ¿No descubrimos la presencia de un orden en el mundo, de un *logos*?

Al mismo tiempo, sin embargo, la misma naturaleza de las cosas nos habla de algo que va más allá de sí mismo, que desborda lo "debido". Existe un *logos*, sí, orden y finalidad, pero se trata de un *logos* que se dilata y va más allá de sí mismo. H. Arendt intuyó esto al reflexionar sobre el nacimiento de un niño (Arendt 2005). Cuando aparece un pequeño ser humano en el mundo, se manifiesta una novedad radical: la presencia de una libertad que hasta este momento no existía. No tenemos un simple individuo más que servirá para la conservación de la especie humana, sino una persona humana única e irrepetible.

La presencia del hombre en el mundo manifiesta algo nuevo. No solo hay generosidad y belleza en la creación, sino también alguien capaz de reconocerla libremente y de responder a Aquel que la ha creado. El ser humano es así el segundo "lugar" de la sobreabundancia. Entre lo que es y lo que será, entre la debilidad el recién nacido y las hazañas del adulto se abre un formidable camino de crecimiento.

A la luz de la novedad que supone el hombre –cada hombre – podemos entender la sobreabundancia que se manifiesta en toda la creación. Desde lo humano comprendemos mejor lo biológico. El nacimiento de un pequeño nos permite intuir que el origen de todo lo creado no es la casualidad fortuita ni la ciega evolución, sino el amor del Creador, que desea comunicarse. Lo que descubrimos en el recién nacido, podemos considerarlo *mutatis mutandis* en toda la creación. Se trata de un exceso de luz y amor, una plusvalía entre lo que los seres reciben y lo que engendran: a partir de la semilla, el agua, el abono… el árbol se llena de abundantes frutos.

Esta sobreabundancia de la creación y del ser humano adquiere una nueva dimensión cuando Dios se revela en la historia escogiéndose un pueblo. Es este el tercer y decisivo lugar de la sobreabundancia. Desde el principio, desde la llamada a Abram, la nota común será la sobreabundancia: a la respuesta de fe, Dios promete una descendencia como la arena de las playas marinas, como las estrellas del cielo. Dios, como decían los padres, "no reparte sus dones según una medida" sino que es tremendamente generoso (Larrú 2010).

Así pues, la relación del hombre con Dios es de sobreabundancia. Este es el fundamento y la forma de la *historia salutis*. Dios actúa siempre el primero y el que más. No escatima. La abundancia, podríamos decir, es la más adecuada definición del estilo de Dios: es el "siempre más" divino (Ratzinger 2002).

Esta dinámica culmina en Jesucristo. La vemos anunciada en su llamada a los primeros discípulos: "Verás cosas mayores" (Jn 1,50). Se manifiesta en el primero de los signos de Jesús, en Caná de Galilea (cf. Jn 2). En efecto, más de quinientos litros de gran calidad era mucho más de lo necesario para continuar la fiesta nupcial sin contratiempos. Y por citar solo un ejemplo más, pensemos en la multiplicación de los panes y los canastos que sobraron (cf. Mc 8,8).

2. ¿Qué significa "sobreabundancia"? Sus falsificaciones

Dios actúa en la abundancia de Caná, pero no siempre lo hace de este modo. En ocasiones, sigue otros caminos. A veces la sobreabundancia es visible y patente, pero otras veces no es así. Pensemos en el nacimiento humilde de Jesús en Belén, en sus años en Nazaret o en la cruz. Cristo se presenta austero, sobrio, en pobreza... ¿Dónde quedó la abundancia? Más aún, el desprendimiento de todos los bienes es condición necesaria para seguir a Jesús. ¿Es realmente cristiana – podemos preguntarnos – la sobreabundancia?

Al mismo tiempo, descubrimos realidades que parecen abundar, e incluso sobreabundar, pero que no manifiestan una auténtica fecundidad. Pensemos en los excesos de un lujo desmedido y de mal gusto, o en una comida pantagruélica. De sobreabundantes cenas están las sepulturas llenas.

Descubrir la auténtica sobreabundancia no es sencillo ni obvio. Exige un trabajo delicado e inteligente que nos permita desenmascarar sus falsificaciones.

2.1. El derroche del manirroto

La primera y más evidente deformación de la sobreabundancia consiste en confundir la fecundidad con el derroche y la simple acumulación de bienes. Los graneros de aquel campesino se desbordaban y este se sentía seguro y satisfecho de sí mismo. Sin embargo, no recibió de Jesucristo otro apelativo que el de necio e insensato. Pensemos también en las fiestas del rey Herodes, abundantes, quizá, en bebida y viandas, pero fuente de muerte y sinsentido.

Para desenmascarar esta falsificación debemos considerar que la abundancia cuantitativa no siempre es signo de fecundidad y de acción divina. Existe una abundancia en la producción, puramente numérica, en la que no hay maduración interior, en la que el corazón no crece ni es transformado. Frente a una cierta "mística de los números", la abundancia fecunda supone un crecimiento laborioso y paciente del interior. Sin duda, la naturaleza es generosa y desbordante en colores, olores y formas. Es un exceso de luz. Pero a menudo se manifiesta máxima en lo mínimo y concentra su mayor belleza en una diminuta e inaccesible flor, en un pequeño diamante.

Podemos entender la distancia entre el derroche del manirroto y la verdadera fecundidad, a partir de la distinción que ofrece el profesor López Quintás entre la experiencia de vértigo y éxtasis. El vértigo, una cierta fascinación ciega ante la realidad, se manifiesta de formas muy variadas e impide el encuentro. El mundo, el otro, solo se ven como un objeto a dominar. Por su parte, el éxtasis, un proceso de creatividad, mantiene la distancia del respeto y hace posible el encuentro con la realidad. Aplicando esta distinción a la fecundidad y la mística de los números, podemos pensar en los quinientos "amigos" que es posible tener a través de las redes sociales, frente al amigo verdadero que busca el Principito y encuentra finalmente en el piloto (López Quintás 2006; 1994, 44-46).

2.2. La producción calculada

Frente al derroche del manirroto, podemos pensar que la verdadera fecundidad se define más bien por la producción controlada que busca obtener un beneficio. En tiempos de crisis en que los medios son limitados, establecemos un criterio empresarial que ofrezca una "fecundidad con medida", controlada: una producción "razonable" y sobria que reduzca al máximo los riesgos.

En realidad, no estamos propiamente ante una falsificación de la sobreabundancia, sino ante su negación, en pro de una fecundidad limitada y programada. Reaccionando ante la identificación de la fecundidad con las grandes cantidades, el calculador busca la óptima proporción entre lo invertido y lo producido. Y no le falta razón. Sin embargo, bajo capa de sobriedad y productividad, se pierde de vista la dimensión amorosa de la entrega.

Puede iluminarnos el razonamiento de Judas ante el derroche de la mujer que ungió los pies de Jesús con un perfume carísimo. Desde la perspectiva del cálculo, esta sobreabundancia parece un derroche insensato. ¿No sería mejor ungir los pies del Señor empleando solo el perfume necesario, *reservando* el resto para otra ocasión? "Dame uno que ame", podríamos responder con San Agustín, "y entenderá lo que digo".

2.3. La dimensión simbólica.

La sobreabundancia, fruto del amor

Tanto la producción medida del calculador como la productividad desenfrenada del derrochador identifican la sobreabundancia con su manifestación exterior. Para el primero es preferible un fruto sobrio y comedido que no sobreabunde, mientras que para el segúndo la clave es alcanzar grandes cantidades.

Uno y otro son indicio de un mismo miedo e incertidumbre: la posibilidad de que mi acción sea estéril. Se pretende controlar la propia vida con la seguridad de unos graneros llenos, o bien desde el cálculo preciso del *haber* y el *debe*, de aquello que me corresponde por derecho.

En realidad, la sobreabundancia propia de la fecundidad es principalmente cualitativa, y está íntimamente relacionada con la presencia personal del amor. Podemos entender mejor esto si consideramos el carácter simbólico propio de la sobreabundancia. El que ama desea darse y manifestar su presencia, enriqueciendo al amado. Esta fecundidad no es espectacular, sino que sucede a menudo de modo invisible, como promesa de futuro que solo al final de la historia se revelará.

Bellamente lo expresa el poeta alemán Rudolph Borchardt: «Lo que se quiere dar, no puede darse; solo se da lo que se debe. Da un beso cuando desearía dar la vida entera; da un ramo de flores y desearía entregar un jardín alrededor de casa. Se entrega un libro en lugar de la sabiduría del mundo entero. Todo don es solo sentido e imagen en un velo. Cuando siento la plenitud, entonces sé cuán pobre soy» (Melina 2008).

Desde la fuerza simbólica propia del amor entendemos que la sobreabundancia no es simplemente una demostración de poder y riqueza, ni una prodigalidad que desee humillar al otro. Tampoco se reduce al cálculo conservador de quien teme perder la vida y solo se entrega parcialmente.

Por eso, si los graneros llenos de trigo no manifiestan fecundidad, se debe a las palabras del dueño, que manifiestan que ha puesto su confianza en ellos: "Ahora puedo dormir y descansar". El problema no reside en la abundancia exterior sino en la falta de presencia interior, en el aislamiento de un corazón que se basta a sí mismo. De ahí que la sobreabundancia pueda manifestarse en pobreza y austeridad, como expresión simbólica de un gran amor, de una entrega radical.

Por otra parte, el perfume derramado a los pies de Jesús por la pecadora es fecundo por la nueva medida del amor que manifiesta. La abundancia del aroma, que inunda toda la casa, es símbolo de una entrega total que no se reserva nada para otra ocasión (cf. Lc 7, 36-50).

Frente a cualquier cálculo mezquino, esta novedad simbólica nos permite entender la riqueza inigualable de ciertas formas de creatividad, como el juego, el arte y la literatura. El juego, por ejemplo, no es mera *diversión*, pasatiempo o "tiempo vacío", sino un "modo privilegiado de desarrollar la capacidad creativa" (López Quintás 1998, 18).

De este modo, la sobreabundancia que brota del amor es siempre adecuada. Si la productividad del cálculo puede ser exagerada o tacaña, puede pasarse o quedarse corta, el fruto del verdadero amante está siempre en armonía con el todo. No es nunca desorbitado sino que guarda su propia medida.

3. La sobreabundancia, obra del Espíritu Santo

Aclaradas estas dos falsificaciones, y la conexión esencial de la sobreabundancia con el amor, podemos ahora adentrarnos en la nueva fecundidad que trae el Espíritu Santo. ¿Qué ocurre cuando el

Espíritu Santo entra en acción y penetra en la vida del hombre? ¿Cómo se manifiesta su sobreabundancia? ¿No le hará perder su naturaleza propia de "acto humano"?

Para responder a esta cuestión debemos considerar una tercera falsificación de la sobreabundancia. Desde la perspectiva luterana, algunos autores han hablado de una "economía de la sobreabundancia". Con el Evangelio se habría introducido en el mundo una lógica nueva, la dinámica de lo excesivo e imprevisto, que sustituiría a la lógica de la justicia. De este modo, con el Evangelio, ya no habría justicia sino sobreabundancia: la caridad superaría a la ética y la dejaría como suspendida, entre paréntesis (Melina 2008).

Esta postura destaca la novedad de la fecundidad, pero descuida su continuidad radical con la creación y la acción del hombre. La caridad, el amor de Dios que se derrama sobre el hombre, será una potencia maravillosa, pero ajena a su acción. Se tratará de una gracia que trabaja sin la naturaleza y que trae algo nuevo que nada tiene que ver con lo anterior: es una recreación que supone una previa aniquilación. Llevada a su extremo, esta visión tiende a identificar la sobreabundancia con la magia. La acción divina en la "nueva economía" es semejante al truco del prestidigitador, que es capaz de sacar un conejo de la chistera y transformarlo en una paloma blanca.

3.1. A imagen de Dios, a imagen de Cristo

¿Cómo se manifiesta entonces la acción del Espíritu? La sobreabundancia, que es el estilo de Dios, se entiende correctamente a la luz de lo que ya ha sucedido en Cristo. En realidad, ¿qué es lo que sobreabundó en su vida? De Jesús sabemos que trabajó con manos de hombre, caminó con pies de hombre, aprendió a obedecer con su voluntad de hombre... Todo como nosotros. Sabemos que realizó signos admirables en su ministerio, pero conocemos también el modo de su nacimiento y su muerte, y que no tenía dónde reclinar la cabeza. Sus discípulos debían renunciar a todo para seguirlo.

San Juan, el discípulo amado, fue comprendiendo a lo largo de su vida el misterio que se ocultaba en su Maestro, y lo plasmó más tarde en su evangelio. Lo que sobreabunda continuamente en la vida de Cristo es la presencia amorosa del Padre. "Tanto amó Dios al mundo, que envió a su Hijo único para que todo el que cree en él no muera sino que tenga Vida eterna" (Jn 3,16). La misión de Jesús consiste en proclamar con su vida, palabras y acciones, el inagotable amor del Padre. Con él llega la hora de adorar al Padre "en espíritu y verdad" (cf. Jn 4,23). Por eso, los que lo acogen, tienen poder para llegar a ser hijos de Dios, y de su plenitud reciben gracia tras gracia (cf. Jn 1,12.14).

De este modo, la abundancia que descubrimos en algunos episodios de la vida de Jesús posee una dimensión simbólica: nos remite al inmenso amor del Padre, que no quiere que ninguno de estos pequeños se pierda (cf. Jn 17,6-26). Al mismo tiempo, la escasez y sobriedad dominante en la vida de Jesús nos sigue hablando de esa solicitud paterna de Dios, que es capaz de la audacia más grande: enviar a su Hijo, la Palabra que se ha hecho carne y ha habitado entre nosotros (cf. Jn 1.14). De esta manera, toda acción de Cristo, tanto la extraordinaria como la cotidiana nos revelan el amor del Padre. La fecundidad sobreabundante no es una nota de algunas de sus acciones, sino de toda su existencia.

Así pues, en primer lugar, la vida de Cristo sobreabunda en su manifestación del inmenso amor del Padre. Pero hay más. Jesús revela al Padre por medio del Espíritu Santo. He aquí el segundo protagonista de su vida. En efecto, llena del Espíritu Santo, la Virgen María lo concibe y da a luz. Inundado de su presencia, comenzará a predicar y a realizar milagros. Movido por él, se irá a orar de madrugada… Jesús es el "Cristo", el Ungido por el Espíritu Santo, que va modelando su carne, toda su humanidad, su corazón: este es el lugar donde realiza con paciencia su obra. A través de su vida, el corazón de Jesús se prepara para la Hora de la obediencia al Padre. El Espíritu va modelando su afectividad para el momento definitivo: Getsemaní. Allí aprenderá, sufriendo, a obedecer (cf. Hb 5,8) y nos revelará el nombre de Dios: *Abbá, Padre* (Mc 14,36). El aprendizaje de la obediencia en su corazón y el testimonio del Padre son la obra del Espíritu.

De esta manera, la fecundidad divina no se revela de forma etérea sino en la carne de Jesús. En su vida descubrimos esta nota maravillosa del estilo de Dios: actúa paulatinamente a través de mediaciones creadas, respetando sus tiempos y ritmos. Desborda las mediaciones humanas pero pasa por ellas. Así, la sobreabundancia del Espíritu en Cristo no prescinde de su naturaleza humana: no es magia sino *sinergia*, no es sustitución sino colaboración. El Espíritu actúa transformando la humanidad de Cristo, sin prescindir de ella. Por supuesto, no se sitúa al mismo nivel que esta, pues "Dios hace y el hombre es hecho", pero respeta plenamente el movimiento propio de la humanidad, que es de la colaboración en la docilidad.

Este camino del Espíritu en Cristo culmina en Pentecostés. Una vez glorificado, Jesucristo nos hace partícipes de su misterio: nos envía al Paráclito. Ahora nos da el Espíritu sin medida (cf. Jn 3,34). Así, el don de Pentecostés nos introduce en el diálogo de amor con el Padre. Bajo la guía del Espíritu Santo llegamos a ser hijos de Dios y aprendemos a gritar: *"Abbá, Padre"* (Rom 8,15). De esta forma, Pentecostés inaugura un nuevo tiempo: el de la acción del Espíritu en el cristiano. En resumen: Jesús es la "infinita autoprofusión de Dios", su generosidad (Ratzinger 2002), y ahora esta sobreabundancia se extiende a los que participan de su vida.

3.2. El Espíritu, dilatador del corazón

Como hemos visto, cuando el Espíritu trae su fecundidad no desea sustituirnos sino que participemos en su acción. El camino abierto por Cristo se ofrece al cristiano. La lógica de la sobreabundancia que aquí se anuncia se resume en una palabra: divinización. Dios se ha hecho hombre para que el hombre se haga dios. En esto consiste la fecundidad del Espíritu: el barro se transforma en hombre, y el hombre en Dios. Lo que ha sucedido en la humanidad de Cristo debe realizarse ahora en todo hombre. Esta es la obra del Paráclito: la dilatación del corazón humano, que es ahora capaz de amar con el amor de Dios.

Estamos, por tanto, ante un principio nuevo en la acción del hombre. El sarmiento, que solo vive y fructifica cuando está unido a la vid, cuando participa de su misma savia. Así el Espíritu, al infundir en él la caridad, injerta al cristiano en el corazón de Cristo.

¿Qué es la caridad? La caridad es, en primer lugar, el amor de Dios que se derrama en nuestros corazones y nos transforma, uniéndonos a Él. Gracias a esta unión primera con Dios, la caridad llega a ser en nosotros una verdadera virtud, es decir, un principio operativo humano. Santo Tomás de Aquino explicaba esta acción divina a la luz de la amistad y de la relación entre personas: «Caritas amicitia quaedam est hominis ad Deum» (S. Th., II, II, q. 23, a. 1). La caridad es una cierta amistad del hombre con Dios.

Como toda amistad, la caridad no actúa de forma instantánea. El Espíritu Santo introduce en nosotros un nuevo afecto que lo va orientando todo: es la luz nueva de la amistad. Entra en nosotros como lo hace un amigo, sin avasallar. Respetuoso de todo lo humano, nos muestra su poder enseñándonos y capacitándonos para amor a Dios, sin sustituirnos en la tarea.

La transformación del corazón necesita su tiempo. Esto no se debe a que Dios sea tacaño en el dar. Lo limitado es la capacidad humana de recibir, que está llamada a crecer poco a poco. A través de la caridad, el hombre se va asemejando al Amigo divino y se hace más capaz de recibirlo. De este modo, la caridad dilata nuestra capacidad de amar infundiendo las demás virtudes, que son las estrategias del amor. Estas virtudes morales, perfección de las facultades naturales del hombre, las llevan al máximo de su capacidad (*S. Th.*, I-II, q. 55, a. 3).

Pero esta plenitud de lo humano se abre a una nueva sobreabundancia. La acción del Espíritu en nosotros no conoce fin. No solo infunde las virtudes sino que derrama sus dones y nos concede paulatinamente la bienaventuranza. Su acción nos diviniza y nos conduce a lo que es propio de Dios: la excelencia. Este era el camino del *magis*, del más, que San Ignacio de Loyola ofrecía en sus Ejercicios Espirituales: "para que más le ame y le siga".

3.3. La nueva lógica del amor

Esta lógica del más nos permite entender hacia dónde se encamina la dilatación del corazón. ¿Qué es lo que se le pide al cristiano, que ha llegado a ser amigo de Dios?

Ante la exigencia de la vida cristiana, a veces se ha pretendido distinguir los diversos niveles de exigencia. ¿Qué es lo que Jesús exige al "común de los mortales"? ¿Qué es lo que pide a los "mejores"? Se ha hablado así del cumplimiento de la ley, necesario para la gente común, por una parte, y de lo "supererogatorio", lo añadido, dirigido al que aspira a más, por otra. Unos son los mandamientos, otras las bienaventuranzas. Estos manifiestan lo debido, aquellos lo que se ofrece a los perfectos. "Si quieres cumplir como cristiano, cumple la ley. Pero, si quieres ser perfecto, véndelo todo".

Sin embargo, como hemos tenido ya ocasión de ver, en la vida de Cristo se manifiesta algo muy distinto. Su amor no es una mera satisfacción de necesidades ni el simple cumplimiento de lo debido, sino la sobreabundancia en el bien. Jesús no nos da "lo que nos es debido" sino algo mucho más grande: nos ama hasta dar la vida.

Desde la pobre perspectiva del cumplimiento, lo importante sería aclarar lo que puede exigirse a la libertad, lo obligatorio, lo mínimo que hay que respetar siempre. Para el calculador, resulta absurdo que Dios sea generoso con el hombre. Pero si el fundamento y el punto de referencia de nuestra acción es el amor de Cristo, entonces la cosa cambia. Lo lógico será buscar la excelencia, pues el amor no se contenta con lo mediocre sino que busca lo mejor para el amado. De aquí viene la búsqueda de un siempre más que sólo el amante puede comprender. La ley del amor es la entrega: para él lo "suficiente" es lo abundante.

De esta forma, la fecundidad del amor supone una justicia superior: en ella se recoge más de lo que se ha sembrado y a la vez se exigen más talentos de los que se han entregado. No es cuestión solo de mandamientos sino de la plenitud de estos en las bienaventuranzas. Nuestra justicia se entiende a la luz de la de Cristo, que no calcula, sino que supera lo obligado y sobreabunda. "Él es el sinembargo de su amor infinito con el que vence perpetuamente el pecado del hombre" (Ratzinger 2002).

Entendemos así la pobreza de la producción medida del calculador, que busca salvarse a sí mismo. Es el fariseo, no el cristiano, el que mide lo que debe hacer y dónde termina lo debido. Vive en el cálculo: entre cuánto debe, cuánto le deben, entre lo que se le ha dado y lo que se le pide. Calcula pues no quiere ser justificado sino justificarse. Entrar en la sobreabundancia del Espíritu supone ir más allá de la relación preconcebida del proyecto y la ejecución. Por supuesto, la sobreabundancia exige el trabajo cotidiano y la programación delicada, pero el Espíritu nos introduce en un proyecto más grande y duradero.

Desde esta perspectiva, la fecundidad divina desborda la justicia del *doy y recibo*, o el comercio del *doy para que me des*. Aquí se recibe más de lo que se ha dado. "Cristiano" es el que sabe que sólo y siempre vive del don recibido: del encuentro con Cristo. El que es guiado por el Espíritu Santo no se limita simplemente a aceptar unos deberes y superarlos para ser perfecto, sino que está llamado a entregar lo que se le ha dado. Por eso, la fórmula más adecuada de la justicia humana concebida cristianamente es la oración: "perdona porque nosotros perdonamos". Aquel que vive del perdón recibido ofrece su perdón, "como el mendigo que, agradecido por lo que le han dado, lo reparte benévolamente" (Ratzinger 2002). Así, a través del Espíritu de Cristo entramos en una justicia más grande, la de Su amor. "Es la justicia de quien en cualquier caso se sabe siempre más deudor que acreedor, pues ha recibido más de lo que podría esperar" (Benedicto XVI, 2010).

Conclusión

"Verás cosas mayores". El mayor de los griegos, el héroe de la guerra de Troya, salió de su escondite en el gineceo y alcanzó fama inmortal a costa de perder la vida. "Verás cosas mayores". La acción del Espíritu de Jesús nos ofrece algo mucho más grande: la posibilidad de ser amigos de Dios. Se trata de una novedad en el propio ser, una dilatación del corazón gracias a la cual somos introducidos paulatinamente en el diálogo eterno de la Trinidad. Así, cuando Dios entra en acción, la fecundidad del hombre alcanza una sobreabundancia sorprendente.

Ver cosas mayores. Esta es la promesa de la fecundidad divina: una nueva medida rebosante, remecida. Lo sorprendente es que esta sobreabundancia se manifiesta precisamente en la carne. Si en ella abundó el pecado, en ella, asumida por el Hijo y modelada por el Espíritu Santo, ha sobreabundado la gracia (cf. Rom 5,20). El exceso de la gracia divina pasa por la carne de Cristo. Este es el fundamento de nuestra esperanza: la humanidad de Cristo – su corazón –

es el camino por el que el Espíritu llega a nosotros y comienza su obra: la divinización. En la carne se manifiesta la medida del amor divino, que «es el amor sin medida» (San Bernardo, *De diligendo Deo* VI, 16).

De este modo, nuestras acciones pueden revelar la gloria de Dios, pues albergan en su corazón un principio divino nuevo: la caridad. En esta amistad personal con Dios tenemos un anticipo del bien último de la comunión eterna con Dios. Entonces veremos y oiremos lo que "ni ojo vio ni oído oyó", es decir, "lo que Dios ha preparado para los que le aman" (cf. 1 Co 2,9).

Bibliografía

ARENDT, H., *La condición humana*, Barcelona, 2005.

BENEDICTO XVI, *Mensaje para la Cuaresma de 2010*.

GOMÁ, J., *Aquiles en el gineceo. Aprender a ser mortal*, Pre–textos, Valencia 2007.

LARRÚ, J., "La lógica de la sobreabundancia", en: J. – J. PÉREZ-SOBA – A. GARCÍA – A. CASTAÑO, *En la Escuela del Logos. A Pablo Domínguez in memoriam. La fecundidad de una amistad. Testimonios y artículos en memoria de Pablo Domínguez*, Facultad de Teología San Dámaso, Collectanea Matritensia 6 (II), Madrid 2010, 551–561.

LÓPEZ QUINTÁS, A., *Cómo formarse en ética a través de la literatura. Análisis estético de obras literarias*, Rialp, Madrid 1994.

_____, *Estética de la creatividad. Juego, arte, literatura*, Rialp, Madrid 1998.

_____, *Vértigo y éxtasis. Una clave para superar las adicciones*, Rialp, Madrid 2006.

MELINA, L., *L'azione. Epifania dell'amore. La morale cristiana oltre il moralismo e l'antimoralismo*, Cantagalli, Siena 2008.

MELINA, L. – NORIEGA, J. – PÉREZ-SOBA, J. – J., *Caminar a la luz del amor. Fundamentos de la moral cristiana*, Palabra, Madrid 2007, 166–178.

NORIEGA, J., *Guiados por el Espíritu. El Espíritu Santo y el conocimiento moral en Tomás de Aquino*, PUL–Mursia, Roma 2000).

PRIETO LUCENA, A., *De la experiencia de la amistad al misterio de la caridad. Estudio sobre la evolución historico-teológica desde Elredo de Rieval hasta Santo Tomás de Aquino*, "Dissertationes theologicae" 1, Facultad de Teología S. Dámaso, Madrid 2007.

RATZINGER, J., *Introducción al cristianismo*, Sígueme, Salamanca 2002.

CAPÍTULO 6

El discernimiento: ¿fruto o producto?

JUAN DE DIOS LARRÚ RAMOS*

1. Introducción

"El Reino de los cielos se parece a un hombre que sembró buena semilla en su campo; pero, mientras los hombres dormían, un enemigo fue y sembró cizaña en medio del trigo y se marchó" (Mt 13,24-25). Estos versículos pertenecen a la parábola de Jesús sobre el Reino de los cielos que se sitúa inmediatamente después de la del sembrador. Con ella Jesús desea mostrar cómo la buena semilla está llamada a dar fruto, pero sin embargo junto a ella crece misteriosamente la cizaña. El sorprendente criterio del dueño del campo para discriminar el trigo y la cizaña es bien conocido: "Dejadlos crecer juntos hasta la siega..." (Mt 13,30). Dios deja crecer la cizaña para no poner en peligro prematuramente la cosecha. El mal no se ataja inmediatamente en aras a que el trigo pueda crecer y dar fruto. Resuena en este sorprendente criterio la bondad originaria del Padre

---

* Decano y Profesor de Moral Fundamental en el *Pontificio Instituto Juan Pablo II para estudios sobre matrimonio y familia*, Valencia. Profesor de Ética filosófica en la Facultad de Teología de la Universidad Eclesiástica "San Dámaso", Madrid.

celestial, que hace salir el sol sobre malos y buenos, y manda la lluvia a justos e injustos (Mt 5,45). Esta bondad primigenia se revela ya desde el misterio de la creación, que apunta a algo más grande que ella misma. La promesa del cosmos apunta a la plenitud que le otorga el Verbo hecho carne al final de la historia. El cosmos es una realidad inacabada, tanto por su naturaleza abierta cuanto por la herida del pecado.

Si las parábolas constituyen el corazón de la predicación de Jesús, todas las parábolas hacen referencia y se descifran en el misterio de la cruz. En la semilla se esconde lo que está por venir, por lo que en ella se da una presencia del futuro.

Ya en el canto de la viña del profeta Isaías aparece una paradoja similar a la de esta parábola. En la viña en fértil collado, que ha sido entrecavada y plantada con buenas cepas, ocurre algo sorprendente e inesperado para el dueño: "Esperaba que diese uvas, pero dio agrazones" (Is 5, 2). En profunda conexión con este texto de Isaías, la parábola de los trabajadores homicidas de la viña (Mc 12,1-12) muestra cómo las parábolas constituyen algo semejante a las estaciones del camino hacia la cruz. Jesús es el grano de trigo que muriendo da mucho fruto.

En ambos textos encontramos tres elementos importantes sobre el misterio de la fecundidad: su arcano origen, su revelador crecimiento, su definitiva verdad. Tanto en un caso como en otro, la paciencia de Dios invita a interpretar la temporalidad como elemento necesario para el crecimiento y el verdadero discernimiento del fruto.

2. Interpretar los signos de los tiempos

A la luz de la sagrada Escritura, nos damos cuenta de que el tiempo es condición de posibilidad de la fecundidad. La comunicación del Espíritu Santo, sin la cual no hay fecundidad humana, se verifica en el devenir del tiempo. La fecundidad no se da al margen de la temporalidad. Desde esta perspectiva, es vital para el cristiano aprender a interpretar los signos de los tiempos, o sea, reconocer en los procesos históricos en que vivimos, la presencia y la acción de Dios en ellos.

Un teólogo contemporáneo, el dominico francés M. – D. Chenu, explica que los signos de los tiempos son eventos humanos que expresan otra realidad que trasciende su materialidad inmediata y que hacen que la humanidad tome conciencia de una nueva dimensión que hasta ahora no veía claramente (Chenu). Aunque el término "signos de los tiempos" no carezca de ambigüedades, nos interesa aquí para indicar que es preciso aprender a reconocer los frutos del Espíritu en la vida concreta de la Iglesia y del mundo.

Desde este punto de vista es necesario connaturalizarse con el lenguaje de los signos. Los frutos y los signos están correlacionados, pues los signos anticipan de algún modo los frutos en el transcurso de la temporalidad. En los signos se verifica una cierta correspondencia entre el significante (lo que percibimos) y los significados (lo que comprendemos). Los signos representan, por consiguiente, las promesas de los frutos. Los frutos se esperan activamente, trabajando por conseguirlos. Para ello es necesaria una permanente interpretación de los signos como los modos en que Dios otorga a los hombres el futuro. Los frutos, de este modo, tienen una estrecha relación con el futuro.

Los frutos prometidos piden el ejercicio de la virtud de la esperanza: los obtendremos pese a su carácter arduo y dificultoso. El tiempo es el terreno donde cultiva y crece la esperanza. La intrepidez y el coraje del hombre que cree en la vida eterna, se distingue de la burguesa estrechez de miras del corazón que no quiere ver más allá de lo inmediato y no se confía a lo grande. La vida humana no puede girar únicamente en el pan de mañana y el dinero de pasado mañana. La fe nos permite ir más allá de lo visible y mensurable hacia algo mayor, sin despreciar en absoluto lo cuantificable y perceptible inmediatamente. Lejos de sacarnos de la realidad, nos permite penetrar más hondamente en ella. El dinamismo de la fe y la esperanza apuntan, de este modo, al cumplimiento pleno de las promesas de Dios que ha comenzado a verificarse ya en este mundo.

El tiempo está transido del misterio de la fecundidad. Ahora bien, ¿qué y cuánto tiempo son necesarios para que el fruto alcance su plena maduración? Es claro, por una parte, que no se puede responder unívocamente a esta cuestión. Ofrecer una respuesta unívoca supondría una simplificación excesiva. Cada semilla es distinta y precisa de tiempos y ritmos de crecimiento diferentes. Además, la misma semilla se puede encontrar en unas condiciones ambientales diferentes que influyen en su ritmo de maduración. Si de la analogía biológica, pasamos ahora al mundo de las personas, esto es evidentemente mucho más complejo y delicado.

Por otro lado, la plenitud del tiempo no se puede lograr en un abrir y cerrar de ojos, sino sólo a lo largo del arco de toda la vida. En los albores del cristianismo, la herejía gnóstica consistió precisamente en la pretensión de alcanzar la plenitud en un instante. Esta reducción de la temporalidad iba acompañada de un desprecio de la corporeidad como espacio en el que el hombre va lentamente madurando. Podemos comprender así cómo S. Ireneo interpreta el pecado original como desobediencia al tiempo y a la madurez pensada por Dios.

Es importante, por consiguiente, estar atento no solamente al tiempo cronológico sino principalmente al tiempo humano y al ritmo del mismo. El tiempo y los tiempos han de conjugarse y elaborarse bien para que el evento de la fecundidad se verifique. Vivimos hoy bajo la impresión de estar ante profundos y rápidos cambios en la humanidad. Somos testigos de que para el hombre contemporáneo la vida es devenir, cambio permanente. El hombre de hoy mira hacia el futuro, pero ¿cómo lo hace? La utopía del progreso indefinido se ha quebrado y la incertidumbre ante el futuro repliega con frecuencia al hombre en el perímetro angosto del presente.

Los frutos más verdaderos son los que más perduran. La perdurabilidad es, por ello, un criterio de verificación de los frutos. Esta perdurabilidad está en estrecha relación con la eternidad como plenitud del tiempo. El futuro y el fruto están intrínsecamente relacionados. El futuro del fruto es el futuro que durará para siempre.

De este modo, la fecundidad es la forma privilegiada en que el encuentro amoroso atestigua la superación de la muerte. Un ser fecundo es aquel capaz de tomar sobre sí un destino distinto del suyo propio. Esta fecundidad está relacionada con las experiencias de la esponsalidad y la paternidad/maternidad. Es preciso notar cómo el esposo está llamado a ser padre a través de la mediación de su esposa, que a su vez se convierte en madre gracias a la mediación de este.

3. La importancia del cuidado del contexto

En el sistema pitagórico de las relaciones elementales, la combinación húmedo-caluroso desempeña un papel fundamental como fundamento de toda vida. Plutarco habla, en este sentido, del calor húmedo de la luz lunar y la atribuye a la fecunda y femenina humedad (Plutarco). La armonía del universo es, para los antiguos, la resultante de esta conjugación de humedad y calor. Es sabido que en la eclesiología de los Padres de la Iglesia, la luna representa el misterio de la Iglesia, que refleja la luz de Cristo, Sol invicto (Rahner).

De estas imágenes místico-naturales, podemos extraer dos conclusiones importantes para el evento de la fecundidad. En primer lugar caer en la cuenta de que no basta un solo elemento para que se verifiquen los frutos. Humedad y calor, hombre y mujer, Cristo y la Iglesia han de conjugarse para que se verifique el milagro del fruto.

Esta estructura dual nos revela que la soledad no es fecunda, que resulta radicalmente insuficiente para una plenitud. Para la misma es precisa la unión de al menos dos elementos diferentes. Nadie se genera a sí mismo sino que proviene de otros que le comunican la vida sin perderla. De este modo, podemos comprender que la autogeneración es un mito de carácter prometeico. Uno es fecundo en otros, con otros, para otros, pues nuestra existencia está habitada por una multitud de presencias. La fecundidad tiene, de este modo, una estructura dual, como estructura específica y originaria capaz de la comunión de personas.

En segundo lugar, es preciso caer en la cuenta de la importancia del ambiente, de la atmósfera adecuada para se verifique la actividad fecunda. Es necesario aprender a crear el contexto adecuado para que se den los frutos que esperamos. El cuidado y la promoción de este ámbito tiene que ver con el misterio de la Iglesia como misterio de comunión entre Dios y los hombres. Ser acogido en un ámbito cálido, aprender a crear un ambiente propicio y estar atento al mismo, son condiciones importantes para que puedan darse los frutos prometidos.

En este sentido, conviene recordar que en el evangelio de San Juan, la imagen de la vid y los sarmientos se aplica a la relación entre el Padre, Cristo y sus discípulos: "Yo soy la verdadera vid y mi Padre es el labrador. A todo sarmiento que no da fruto en mí lo arranca, y a todo el que da fruto lo poda, para que dé más fruto" (Jn 15,1-2). El criterio que indica la perícopa para dar fruto es permanecer unido a la vid, a Cristo, y, al tiempo, dejarse podar, una purificación permanente del corazón. La unión dinámica con Cristo es fuente de fruto abundante. La lógica del fruto es, de este modo, la lógica de la sobreabundancia. En ella se verifica una desproporción entre lo que Dios y el hombre hacen en una sinergia misteriosa.

En un ambiente favorable un fruto atrae a otro, así como en un diálogo profundo una idea o intuición atrae a otra. Por eso podríamos decir que los frutos tienen una estructura de racimo, pues crecen juntos y se refuerzan mutuamente. Esta lógica podríamos denominarla "de fruto en fruto", de manera parecida a como crecen las virtudes (de virtud en virtud). Es por ello, importante, estar atento a las conexiones, a las relaciones entre diversos frutos para promover su lógica interna.

4. El contraste entre el producto y el fruto

La palabra "fruto" proviene del latín *fructus*, que es el participio del verbo *frui* (gozar de, disfrutar de). Su raíz indoeuropea (*bhrug-*) hace referencia a la experiencia gozosa de disfrutar de los productos de la tierra. El término latino para designar el trigo (*frumentum*) parece tener también esta misma raíz. En castellano, emparentadas con ella tenemos términos como fruta, fructuoso, usufructo, frugal, y expresiones verbales como llevar fruto, dar fruto, o sacar fruto.

San Agustín formula la famosa distinción entre *frui* y *uti* (Di Giovanni). El hombre como imagen de Dios está llamado a gozar de Dios (*fruitio Dei*). Esta fruición implica una progresiva transformación del corazón que conduce tanto a una superación de la situación presente (*extensio*) cuanto a una concentración de todas las fuerzas vivas hacia el futuro que se promete (*intensio*).

Desde otra perspectiva, conviene recordar la importancia moral del orden del amor (*ordo amoris*) para San Agustín. La distinción *uti-frui* la aplica el doctor de la gracia para explicar la diferencia entre la caridad y las virtudes. De este modo, las virtudes son consideradas como los frutos de la caridad, pues ellas hacen visible la caridad, y se convierten en el criterio para conocer si existe verdadera o aparente caridad.

Para él, el amor de Dios tiene un singular valor fruitivo. Los objetos de uso son aquellas cosas que nos ayudan a alcanzar el bien que nos hace felices. Agustín ve entonces el usar como el referir la cosa utilizada a otra que se ama por sí misma, si esta última es digna de ser amada. De este modo, gozamos de una cosa cuando ésta nos deleita por sí misma sin referirla a otra (*frui*); en cambio, usamos de ella (*uti*) si la solicitamos en vistas a otra. Usar es, pues, disponer de una cosa según el arbitrio de la voluntad iluminada por la razón.

Para el santo de Hipona hay una distinción importante entre el fin de consunción (fin imperfecto) y el fin de consumación (fin perfecto). Hay un fin que consume y un fin que perfecciona, pues entendemos cosas distintas cuando oímos que se ha acabado la comida que estábamos comiendo, o cuando oímos que se ha acabado el vestido que estábamos tejiendo. En los dos casos se ha acabado, pero la comida porque ya no existe, y el vestido porque está terminado (S. Agustín). En este sentido, conviene caer en la cuenta de la distinción entre consumir y consumar (perfeccionar). La lógica consumista que se impone en muchos estilos de vida contemporáneos no ayuda a vivir la fecundidad de la vida, pues no es el criterio acumulativo de un consumo creciente y feroz el que consigue la perfección de una vida feliz. En tal sentido, comprar, usar y tirar no conducen por sí mismos a fructificar.

En relación con esto, se habla con frecuencia de productos de consumo. Conviene mostrar la diferencia entre fruto y producto. Producir es un verbo que proviene del latín *pro-ducere* compuesto del prefijo *pro-* cuyo significado es delante y del verbo *ducere*, que significa guiar, conducir. La palabra *ducere* viene del indoeuropeo **deuk-* que significa guiar, arrastrar. Posteriormente, fue aplicado también a personas de alto nivel social, como por ejemplo, en el término "duque".

El término producir se comprende en la actualidad como crear cosas o servicios con valor económico. La actividad productiva, fundada en la elaboración y fabricación de productos y servicios constituye el motor del progreso dentro del sistema capitalista de mercado. Los términos productividad, rendimiento, competitividad y rentabilidad se conjugan en la lógica de la eficacia y la eficiencia, en la que la optimización de la relación costes-beneficios es un factor fundamental. En la crisis económica y financiera que atravesamos, se buscan emprendedores capaces de encontrar nuevas posibilidades y oportunidades, que innoven y exploren formas más originales de negocio.

El producto es una cosa producida capaz de entrar en un proceso de compraventa. El término producto, en el ámbito del álgebra y la aritmética es la cantidad que resulta de la operación de una multiplicación. Los objetivos y los resultados de las empresas tienen relación con la cantidad y calidad de sus productos. El utilitarismo es la filosofía que subyace con frecuencia en estos planteamientos. La racionalidad instrumental mira a los bienes exteriores, pero es incapaz de transformar al hombre por dentro.

No se trata de demonizar la lógica de la productividad, pero conviene advertir del riesgo de su absolutización, pues en tal caso termina subyugando y esclavizando al hombre. Surge así la cuestión de cómo distinguir entre la lógica de la fecundidad y la de la producción. Se trata de distinguir fruto y producto, y ofrecer las pistas principales para distinguir y discernir el fruto verdadero.

Para discernir entre lógica productiva y lógica fecunda es necesario profundizar en la lógica del don, que envuelve al amor y su realización. El atractivo que poseen las personas por el don es tan fuerte como el interés por el beneficio y las ganancias. Para distinguir el don de un intercambio económico, es necesario captar bien que lo que distingue el donar de otros tipos o formas de dar y recibir es la intencionalidad del amor. El amor es el primer don y la base de cualquier don ulterior. En tal sentido, es más importante el gesto del donar como tal que el objeto donado, porque lo que más cuenta es el vínculo con el otro.

El don es siempre libre, pues si es impuesto deja de ser un don. Es gratuito tanto porque no es debido cuanto porque no es dado para que el otro dé. Aunque no genere una obligación de devolver, el don busca siempre la reciprocidad, pues es un acto de amor que quiere crear un vínculo. En este sentido, es una llamada a la libertad del otro. La reciprocidad del don consiste en su acogida. Se trata de una recepción activa que genera la gratitud. Esta gratitud puede motivar al beneficiario a donar al donante, pero esto no se interpreta como contrapartida, sino como una nueva iniciativa.

De este modo, quien recibe un don es invitado a asumir el significado pleno de la fecundidad en la vida humana, con todas las implicaciones que conlleva. Si nadie es fecundo por sí solo y requiere a otro para ello, esto no ha de ser interpretado como un gravamen, sino como una plenitud.

La experiencia básica de la fecundidad no se mide por la satisfacción de un deseo, sino por el verdadero amor que es en sí mismo fecundo, y que requiere el empeño de una entrega incondicional.

5. "Por sus frutos lo conoceréis"

Exhortando a sus discípulos en el Sermón del monte, Jesús les ofrece el criterio según el cual por los frutos pueden reconocer el árbol bueno (Lc 6,43-44). El árbol se conoce por sus frutos (Mt 12,33); por lo tanto los frutos son una fuente de conocimiento importante. Podemos preguntarnos qué tipo de conocimiento nos ofrecen los frutos. En primer lugar, los frutos de un árbol atraen los sentidos externos: "La mujer se dio cuenta de que el árbol era bueno de comer, atrayente a los ojos y deseable para lograr inteligencia" (Gn 3,6). El sentido de la vista aparece como el sentido más inmediato para conocer los frutos. Su visibilidad, su forma y color, es el motivo por el que el hombre experimenta una atracción hacia ellos.

En un segundo momento aparece también la importancia del sentido del tacto y del gusto. En la percepción táctil, al tiempo que conocemos el mundo, quedamos afectados por él, pues tocar y ser tocado se verifican simultáneamente. El tacto nos introduce en la dinámica de la afectividad como unión original entre el hombre y el mundo. Comer de los frutos del árbol, saborearlos, es un nuevo modo de conocimiento. El conocimiento afectivo, explica Santo. Tomás de Aquino, no se da según el modo de la racionalidad sino a través de la unión con la realidad (*per unionem*). Este tipo de conocimiento se realiza en la unión y según la lógica de la unión. El conocimiento afectivo no se reduce al conocimiento teórico, especulativo, ni tampoco a la mera sensibilidad, a experimentar la sensación de lo agradable o desagradable, sino que transforma al sujeto reconociéndose como amante del amado. El amado puede ser un ser no personal o personal. En el primer caso, no es posible una reciprocidad plena, sino una interacción; en el segundo caso se entra en una reciprocidad que genera una verdadera comunión interpersonal.

El papel de Dios es central en el conocimiento afectivo, ya que precisamente la acción de Dios implicada en la dinámica del don se encuentra en el origen de esta reciprocidad que genera la comunión. Los frutos se encuentran en esta sinergia entre la acción divina y las acciones humanas, que en su dramaticidad pueden incrementar el fruto, pero también pueden ocultarlo, incluso anularlo.

En el libro del Apocalipsis (Ap 22,1-4), en la visión del paraíso recreado, Dios y el Cordero comparten el mismo y único trono como imagen atrevida de la comunión perfecta entre el Padre y Cristo. De esta comunión brota un río de agua de vida, y en medio de la plaza, un árbol de vida que da doce frutos, uno cada mes. Las hojas del árbol son medicinales. La sobreabundante plenitud de vida que Dios ofrece jamás tendrá fin, y esta sobreabundancia brota y consiste en la comunión con Él.

Santo Tomás de Aquino explica en la *Suma Teológica* (I-IIae, q.70) que en el orden corporal se llama fruto a lo que produce la planta cuando llega a su perfección, que contiene en sí una cierta suavidad. El fruto puede compararse, bien al árbol que lo produce, bien al hombre que lo obtiene del árbol. Según esto, al aplicar la palabra fruto a las cosas espirituales, puede tomarse también en dos sentidos: uno, llamando fruto del hombre a lo que él produce, como un árbol; y otro llamado fruto del hombre a lo que él alcanza.

El fruto puede ser, por tanto, corporal o espiritual. El doctor Angélico precisa aún más y nos enseña que no todo lo que el hombre alcanza tiene condición de fruto, sino solo lo que es último y deleitable; pues también tiene el hombre el campo y el árbol, y no se llaman fruto, sino que éste se refiere tan sólo a lo último, es decir, a lo que el hombre intenta obtener del campo y del árbol. Según esto, se llama fruto del hombre a su último fin del que debe gozar. El fruto se pone, de este modo, en relación con el fin de un modo muy singular.

El fruto, por consiguiente, se sitúa en la perspectiva de lo último y deleitable, de lo que se encuentra relacionado con la felicidad comprendida como plenitud de vida lograda. En este sentido, una nueva matización de santo Tomás nos ayuda a distinguir entre frutos y bienaventuranzas en relación con el dinamismo de nuestras acciones. Afirma el santo que se requiere más para la razón de bienaventuranza que para la de fruto. El motivo se encuentra en que para la razón de fruto basta que sea algo que tenga razón de último y deleitable, mientras que para la razón de bienaventuranza se requiere, además, que sea algo perfecto y excelente. De ahí que todas las bienaventuranzas puedan llamarse frutos, pero no a la inversa. Son, efectivamente, frutos todas las obras virtuosas en las que se deleita el hombre. Pero bienaventuranzas se llama sólo a las obras perfectas, las cuales, además, por razón de su perfección, se atribuyen más a los dones que a las virtudes, según se ha dicho anteriormente (q.69, a.1 ad 1). De este modo, se establece un cierto paralelismo entre virtudes/dones a nivel de hábitos y frutos/bienaventuranzas a nivel de actos.

La terminología de los frutos en el Nuevo Testamento está estrechamente unida a una teología del Espíritu Santo. San Pablo advierte a sus fieles sobre la diferencia entre el fruto del Espíritu y las obras de la carne. En el corazón humano se verifica una lucha entre la vida según la carne y la vida según el Espíritu. El fruto del Espíritu es amor, alegría, paz, paciencia, benevolencia, bondad, fidelidad, indulgencia, dominio de sí (Ga 5,22). Pablo advierte de la necesidad de concretar qué es el fruto del Espíritu; este fruto se describe recurriendo a una enumeración de frutos que el obrar del cristiano ha de experimentar para estar a la altura de su vocación. Las acciones son el fruto que informa de la calidad del corazón, pero no las acciones consideradas como meramente materiales, arrancadas de su raíz, sino las acciones que brotan de la caridad como el origen y el primero de todos los frutos.

Santo Tomás de Aquino afirma que el número de doce frutos enumerados por San Pablo está bien establecido, pues pueden verse indicados en los doce frutos de los que se habla en Ap 22,2: "A cada lado del río había un árbol de vida que daba doce frutos". Y como se llama fruto a lo que procede de algún principio como de semilla o raíz, la distinción de estos frutos ha de tomarse del diverso proceso del Espíritu Santo en nosotros. Tal proceso se atiende según este orden: primero, que la mente del hombre esté ordenada en sí misma; segundo, que esté ordenada respecto de las cosas que están a su lado; tercero, que lo esté respecto de las cosas inferiores. La "dirección" de la misteriosa acción del Espíritu va de lo más interior a lo más exterior, y de lo superior a lo inferior.

Los exégetas observan que "el fruto del Espíritu" jamás lo llama Pablo "obra", pues mientras las obras son los actos propios del hombre, el fruto es la acción de Dios en el hombre. El fruto del Espíritu se distingue tanto de la "justicia" tal como la entiende el Antiguo

Testamento como de la "virtud" de la filosofía estoica (Juan Pablo II, 300). Por otro lado, según Ledrus el concepto paulino de "fruto del Espíritu" se refiere más a la unión fructuosa o apostólica (Jn 15, 1-17) que a la unión fruitiva o contemplativa (Ledrus, 717). Es decir, el fruto del Espíritu se refiere a la unión que genera una creciente comunión, y no tiene un sentido individualista.

Conclusión

Comenzábamos nuestra reflexión trayendo a colación las parábolas de Jesús sobre el Reino de los cielos. La semilla o la vid están llamadas a dar frutos abundantes y que duren. La transformación de la semilla en fruto requiere una vigilancia atenta, un trabajo de cultivo, un tiempo y condiciones propicias, que no siempre están en la mano del cultivador. El fruto no es un producto, y entre los frutos, podríamos decir que hay frutos y frutos. Precisamente por ello es necesario un discernimiento cuidadoso, para poder percibir dónde y cómo actúa Dios a través de su Espíritu, que es la clave del don de la fecundidad.

Escribe Novaciano que el Espíritu Santo, después de la resurrección de Cristo, no es "nuevo, sino dado de una forma nueva" (no es *novus, sed nove datus*). Entre lo nuevo y lo dado de una forma nueva hay una diferencia. El mismo Espíritu que actuó en los profetas del Antiguo Testamento y en el mismo Jesús, es ahora dado a los hombres. El Nuevo Testamento atestigua sobradamente esta "novedad" del don del Espíritu después de la resurrección.

Esta lógica del Espíritu es la lógica de la fecundidad que incesantemente renueva la novedad de Cristo. A la hora de interpretar esta lógica, hemos de prevenir el riesgo de espiritualismo, que podríamos definir como la representación de la vida del Espíritu que no reconoce las formas prácticas de la vida para descifrar su actuación. Como hemos intentado mostrar, el Espíritu actúa en el espacio y en el tiempo humanos, es decir, en las relaciones que los hombres tejen a través de los hilos de los afectos. En esta urdimbre se va entretejiendo la trama de una vida humana que busca incesantemente la plenitud a la que es llamada. La lógica de los frutos del Espíritu es la lógica del don que invita a las personas a una donación mutua como fuente de una creciente fecundidad. Al hombre no le basta la lógica productiva, una dinámica puramente acumulativa de bienes y productos que insaciablemente puede consumir, pero que no le permiten crecer y florecer plenamente como persona llamada a la comunión con Dios y con los demás. Los frutos se reconocen en las mediaciones humanas. Las virtudes y las prácticas son los lugares privilegiados para llevar a cabo esta verificación como lugares en los que la libertad crece creativamente entreverada con la de los demás. Existen múltiples modalidades de fecundidad, en correspondencia con la multiplicidad de tipos de amor que puede vivir un hombre. La fecundidad es una característica intrínseca del amor, no es algo que se añada desde fuera como algo decorativo o superfluo.

Bibliografía

S. AGUSTÍN, *In Psalmum* 54, n.1: PL 36, 628.

ANGELINI, G., *I frutti dello Spirito*, Glossa, Milano 2006 (trad. esp.: *Los frutos del Espíritu. Su presencia en nuestras vidas*, Narcea, Madrid 2007).

BIFFI, I., *"Ricevete lo Spirito Santo"*. *La presenza e l'azione dello Spirito nella vita cristiana*, Opusculi 3, Jaca Book, Milano 1999.

CHENU, M.–D., "Les signes des temps", *Nouvelle Revue Théologique* 86 (1964) 29-39.

CHIODI, M., "Generare un figlio: dono da un dono", en J. NORIEGA–
M. L. DI PIETRO (eds.), *Fecondità nell'infertilità*, Lateran
University Press, Roma 2007, 21-41.

DI GIOVANNI, A., *La dialettica dell'amore "Uti-frui" nelle
preconfessione di sant'Agostino,* Abete, Roma 1965.

JUAN PABLO II, *Hombre y mujer lo creó,* Madrid 2000, 300, nota 4.

LEDRUS, M., "Fruits du Saint-Esprit", *Vie Spirituelle* 76 (1947) 714-
733.

NOVACIANO, *De Trinitate* XXIX 3 (CCL 4,69,11-12).

PLUTARCO, *De facie in orbe Lunae* 25, V, Bernardakis, 456ss.

RAHNER, H., *Simboli della Chiesa. L'ecclesiologia dei Padri*, San
Paolo, Milano 1995.

STO. TOMÁS DE AQUINO, *Summa Theologiae*, I-II, q. 70.

CAPÍTULO 7

La novedad del ser
y la fecundidad de la comunión

IGNACIO DE RIBERA-MARTÍN*

El mayor drama de una vida es no dar fruto.

En el Evangelio (Lc 13,1-9) se nos cuentan dos episodios dramáticos que ocurrieron en tiempos de Jesús: cómo Pilato había mezclado la sangre de unos Galileos con la sangre de los sacrificios paganos, y cómo la Torre de Siloé había cedido sepultando a dieciocho personas. También nosotros oímos hoy comentar a menudo episodios desastrosos que ocurren en distintos lugares del mundo y que nos llenan de conmoción: desastres naturales, atentados y guerras, que producen la muerte de tantas personas. ¿Qué respuesta da Jesús a estas realidades? En primer lugar, es preciso señalar que no se trata de castigos divinos: estas personas no perecen por haber sido más pecadores que aquellos que sobrevivimos.

Pero lo que más nos interesa es ver cómo Jesús introduce un nuevo sentido de muerte: "si no os convertís, también vosotros pereceréis". Y, sorprendentemente, pasa a continuación a contarnos la parábola de aquella higuera plantada en la viña, que no da fruto.

* Assistant Professor, The Catholic University of America, Washington DC.

¿Y qué tiene que ver el fruto de la higuera con aquellos desastres y fatalidades que nos llenan de conmoción, con el hecho de convertirnos para no morir de la misma manera? A través de esta parábola, Dios nos previene de la muerte que verdaderamente hay que temer, esto es, el no dar fruto. Nuestra mayor preocupación en la vida, por muy fuerte que sea nuestro instinto de supervivencia, no puede ser evitar la muerte (y no solo por el hecho obvio de que nadie escapa de esta muerte natural), sino evitar la muerte que supone pasar esta vida sin dar fruto; y un fruto que sea abundante y duradero. El mayor drama de la vida, la verdadera muerte, es no dar fruto.

Hablar de fruto en la vida implica diversas realidades, entre ellas el tiempo, la carne, la comunión. Dar fruto implica todo un proceso en el tiempo, en el que la semilla muere, se va transformando y creciendo, y termina por dar fruto. Supone un lugar: el fruto no es algo abstracto; el fruto es una realidad nueva, algo real que se puede ubicar en un lugar o referirse a personas o realidades concretas. En otras palabras, el fruto tiene carne, es algo encarnado. Y el fruto no se da en la soledad, sino en la comunión: la semilla por sí sola no puede dar fruto, necesita de la tierra, del agua y del sol, necesita del trabajo de la tierra. Sin los demás, nuestra vida no puede dar fruto. La carne, el tiempo y las relaciones son las tres coordenadas que sostienen el misterio del fruto.

A lo largo de este libro el lector puede encontrar desarrollados estos elementos que configuran el misterio del fruto: algo nuevo, que no estaba al inicio, surge en el tiempo y en la carne y dentro del hogar de la comunión interpersonal. La fecundidad es un don, fruto del Espíritu Santo, que se nos ofrece como una promesa.

En este capítulo quiero considerar, a la luz de ser, la realidad misma de *novedad* que toda fecundidad encierra. Hablar de fruto es hablar de novedad. Pero enseguida nos preguntamos: ¿es posible, o hasta qué punto, algo nuevo bajo el sol? Nuestro deseo de fecundidad, ¿es realizable o no es más que una vana ilusión? Si "no hay más de lo que hay", como tantas veces oímos en labios de otros e incluso alguna vez en los nuestros propios, ¿cómo es posible que se dé el fruto? Y si no puede haber fruto, ¿estamos entonces condenados a "perecer del mismo modo" al no poder realmente dar fruto en nuestra vida?

Con estas preguntas entramos de lleno en el misterio del ser y en el misterio de la persona humana. ¿Hay más de lo que hay o no? ¿Es posible dar fruto? Toda promesa ofrece una novedad: se nos promete algo que todavía no hemos alcanzado o que no poseemos del todo. ¿Pueden cumplirse las promesas o todo es vanidad e ilusión porque no podemos esperar nada nuevo bajo el sol? Vamos a adentrarnos en esta apasionante pregunta, de la que depende nuestra "vida" o nuestra "muerte", pues toca de lleno la posibilidad misma del fruto.

1. La pregunta por la novedad

La pregunta por la posibilidad de la novedad marca el inicio de la historia de la filosofía occidental, atraviesa toda esta historia y seguirá siendo siempre una pregunta abierta: ¿puede el ser admitir novedad? Esta pregunta, que se puede formular de muchas maneras ("¿hay más de lo que hay?" es una de ellas), se nos plantea cuando experimentamos la realidad y reflexionamos sobre ella. Ante la experiencia de un mundo natural de múltiples "seres" (las realidades que "son", esto es, que existen, son muchas y distintas y no un único "ser") y marcado por el fenómeno del cambio (las realidades van cambiando sus colores, se mueven de un lugar para otro, crecen, se deterioran y algunas incluso comienzan a existir o terminan por desaparecer), la pregunta por el origen y por la posibilidad misma de esta novedad es inevitable. No se trata de una pregunta meramente curiosa o técnica (describir cómo ocurren esos cambios) sino profundamente filosófica y vital: de su verdad depende la plenitud de nuestra vida y el modo de alcanzarla.

Parménides de Elea (s. VI a.c.) representa el primer testimonio que tenemos de la formulación filosófica de esta pregunta en occidente. Se pregunta si la multiplicidad y el cambio (estas dos experiencias fundamentales que hemos mencionado arriba) son verdaderas realidades o solo una ilusión o apariencia. Y propone el siguiente razonamiento para decir que son apariencia, que lo único que existe de verdad es "el ser" y que este es único (uno solo) y no cambia: lo que es, es; y lo que no es, no es; por lo tanto, lo que existe tiene que proceder de lo que existía ya (nada puede proceder de lo que no existe) y lo que no existe no es sino un absurdo, precisamente porque no es nada. De ahí su celebre enunciado: el ser es, y el no-ser no es (cf. Fragm. 2)

El razonamiento de Parménides tiene su lógica: el ser no puede proceder de la nada: todo lo que existe tiene que proceder de algo que ya exista. Supongamos, por seguir su razonamiento, que alguien le dijese: "Bueno, algo podría existir procediendo de algo que estuviera fuera del ser". Y entonces Parménides le respondería: "Decir que algo existe fuera del ser es una contradicción, pues si existe entonces es parte del ser y no está fuera". Y si le dijésemos que lo que está fuera del ser es algo que no es (no-ser), entonces estaríamos afirmando que la nada existe, lo cual es una contradicción. Estos razonamientos no son meros ejercicios mentales, sino que tocan al misterio mismo del ser. De hecho esta "lógica del ser" de Parménides condicionó a todos los filósofos que le siguieron, durante siglos y hasta hoy.

La metafísica de Parménides nos permite salvaguardar un elemento metafísico fundamental: más allá del ser no hay nada. Afirmar lo contrario sería un absurdo y en esto tenemos que darle la razón. En el fondo, esta lógica presupone un principio filosófico más profundo que responde a nuestra experiencia de la realidad: to-do lo que es y existe tiene que tener un origen, algo que es, que existe. El ser procede del ser, no de la nada. Por eso los griegos no entendían (o mejor dicho ni se planteaban la posibilidad) que el universo pudiera ser algo creado. En efecto, siguiendo su lógica, ¿de dónde podría proceder el universo si todo lo que existe tiene que proceder "de algo que exista"? Todavía hoy seguimos preguntándonos con asombro: ¿De dónde procede el universo? ¿Dónde está y cómo se sostiene?

El Cristianismo, y el judaísmo antes, sí podían plantearse la creación del mundo por Dios porque tenían una experiencia de realidad nueva: se les había revelado un Ser que había creado el mundo, Dios, un ser que es y existe como algo distinto y anterior al mundo. En otras palabras, la experiencia de Dios permitió al judeocristianismo entender que había más ser que el ser del universo. *Pero ello no suponía ni mucho menos negar el principio fundamental del ser que intuyó Parménides* (el ser procede del ser, "fuera" y "antes" del universo hay más ser): si Dios no existiera (si no fuera "ser"), el universo no podría haber sido creado porque no tendría un origen. En este sentido, la clásica expresión que define la creación como "*creatio ex nihilo*" (creación de la nada) puede ser malinterpretada. Significa que el universo no procede de nada-de-sí-mismo, no que no tenga un origen. Es decir, que el universo no se causa a sí mismo, no procede de otro universo anterior, no procede de una materia preexistente que un dios-demiurgo haya modelado. El universo, creado por Dios, procede del Ser, que es Dios mismo, participa del ser de Dios, sin que esto menoscabe la libertad de Dios al crear y su trascendencia respecto del mundo.

Esta consideración es fundamental para no caer en una visión del cristianismo que contradiga la naturaleza misma del ser y acabe por convertir a Dios en un absurdo. La revelación de Dios como ser originario de todo lo que existe no cambia la metafísica en el sentido de que la sustituye por otra "que funciona de otra manera", sino que la dilata y la expande y la abre a un origen insospechado. Esto supone una novedad grandísima, pero no—insisto— un cambio de metafísica. Santo Tomás de Aquino, por ejemplo, y a diferencia de otros filósofos anteriores como Plotino (*Enn.* VI.9), no sitúa a Dios más allá del ser, sino que afirma que Dios mismo es el ser en plenitud, sin ninguna limitación, el "*ipsum esse subsistens*" (*S. Th.*, I, q.4. a.2). Afirmar que Dios está más allá del ser, tiene consecuencias devastadoras, sería abdicar de la íntima unidad entre la verdad y el bien: no podríamos decir que Dios es la Verdad y el Bien con mayúsculas, sino una voluntad absoluta y arbitraria, sin ninguna referencia al ser. Por así decirlo, sería un Dios que "sigue otra lógica". O peor todavía, estaríamos negando en el fondo, y de hecho, su misma existencia: si Dios está más allá del ser, "fuera del ser" para entendernos, entonces Dios sería "nada", no existiría, y por lo tanto su misma existencia sería una auténtica contradicción, algo imposible.

No tenemos más remedio que aceptar la intuición fundamental de Parménides. Pero al mismo tiempo no nos basta. Prueba de ello es su misma filosofía, que desemboca en una serie de conclusiones que niegan la evidencia: no explica cómo es posible que el ser sea "muchos" y "cambie". Y tampoco explica otras realidades que forman parte de la experiencia común que tenemos de la multiplicidad de los seres y del fenómeno del cambio. Entre estas realidades querría destacar el tiempo. En el ser de Parménides no cabe el tiempo. El ser queda como prisionero de sí mismo: no puede ser muchos, no puede cambiar y está fuera del tiempo.

¿Hay algún modo de explicar la realidad de la novedad salvaguardando la intuición profunda e irrenunciable de la "lógica del ser" de Parménides?

2. La experiencia de la novedad en la naturaleza

2.1. La forma y la materia

La novedad, antes de ser un problema, es una realidad. La buena filosofía parte de los fenómenos, de la evidencia de la realidad, y luego se pregunta sobre ella e intenta responder, con más o menos acierto, a las preguntas que se le plantean. Empezamos pues, no por la lógica (como hizo Parménides, y que le llevó a negar la evidencia) sino por la experiencia asombrosa que todos tenemos de la novedad.

No podemos negar que la novedad es parte de la realidad: el movimiento, el cambio en general y la generación y la corrupción de nuevos seres es prueba suficiente de ello. Bastaría como evidencia el mundo natural. Hay muchos seres distintos y todos ellos "son", hay minerales, plantas y animales de diversas especies. Además, muchos de estos seres están vivos, y por eso en constante cambio: nacen, crecen, cambian de color, mueren. En el mundo natural destaca el fenómeno de la reproducción como paradigma de la novedad (seres, que antes no existían, ahora "son"). También es evidente en la vida del hombre, como veremos después. Por eso volvemos a preguntarnos maravillados: ¿Cómo es posible esta novedad? ¿De dónde viene? ¿Cuál es su fuente?

Los filósofos que siguieron a Parménides aceptaron su principio fundamental de no hacer proceder el ser de la nada (Solmsen, 89) pero ante la evidencia de los fenómenos naturales tuvieron que aceptar y explicar el fenómeno del cambio. De esta manera, imaginaban el mundo como materia que va adoptando diversas formas. En el fondo el cambio se reduce a algo muy pobre, un mero cambio de forma externa de lo mismo (la materia). Luego discutían entre ellos cuál era esta materia "básica" (el agua para unos, el fuego para otros, el aire, la tierra) y cómo interpretar esos "cambios de forma". Por ejemplo, algunos entendían que cambiar era dividir en trozos algo que antes estaba unido, otros al revés (cambiar es unir trozos que estaban separados), etc. Lo que tenían en común era que aceptaban el veto de Parménides y que no podían aceptar la realidad de la generación y de la corrupción de los seres en el sentido fuerte (como un cambio sustancial, como un paso del no ser al ser, y viceversa). Se veían forzados a reinterpretar la generación y la corrupción como cambios más accidentales. ¿Cómo explicar el nacimiento de un animal? Pues no tenían más remedio que explicarlo como una disposición distinta de una materia que ya existía... ¡De otro modo, estarían admitiendo que el ser procede de la nada!

La visión del universo para los griegos era por lo tanto la de un mundo que no ha comenzado nunca ni terminará de existir nunca, que tiene una materia que siempre ha estado ahí (aquí se ve la diferencia con el concepto cristiano de creación) y una materia que va cambiando externamente en sus formas. La multiplicidad de los seres y los cambios que experimentan son fruto de la composición, división, alteración, etc. de esa materia. Todo lo que cambia procede de lo que ya existe, y lo que existe es la materia. En definitiva, el universo presocrático es como un escenario "eterno" de constantes alteraciones que sufre la materia adquiriendo y perdiendo distintas formas. De ahí también la visión del tiempo como un escenario "eterno" donde estos cambios ocurren. Fuera de este círculo de materia y tiempo no hay nada, no hay ser.

A medida que avanzaba la reflexión filosófica presocrática, iba tomando peso un concepto cada vez más consistente de "forma". Si bien al final todo es materia que va cambiando, al mismo tiempo veían que las formas se repiten: hay distintas especies de animales. ¿De dónde proceden esas formas? Al igual que dentro de la visión griega la materia no puede ser sino eterna, lo mismo ocurre con las formas (las especies): no tienen ni origen ni fin, van pasando de una materia a otra. Por lo tanto, las formas solo pueden proceder de formas semejantes a ellas. Así, junto al gran principio metafísico parmenideo de que todo lo que procede *procede de* algo (he aquí el concepto más rudimentario de "materia", es decir, origen) surge el segundo gran principio metafísico griego: el principio de *semejanza*. No se trata solo de que los seres procedan o cambien a partir de algo que ya es (materia, origen), sino que son semejantes a aquello de lo que proceden. Experiencias como "el hombre engendra al hombre" (y no un árbol) o "el árbol engendra otro árbol" (y no un hombre) están en el origen del concepto de "forma" como especie. El universo y el tiempo del universo que marca el movimiento regular de los astros son el escenario de esta interacción entre materia y formas (especies) eternas, de esta configuración sucesiva de materia en formas distintas pero semejantes entre sí. La materia aseguraba estar en paz con Parménides (siempre hay algo de lo que se procede) y la forma explicaba el fenómeno de las especies.

Es iluminador nuevamente ver la validez universal de este principio de semejanza. Santo Tomás de Aquino, por ejemplo, afirma que todo lo creado, por el hecho de ser creado, alberga en sí una semejanza con Dios. Todo efecto refleja al menos una parte de la forma de su causa (*omne agens agit sibi simile*). Así, todo lo creado por Dios, por muy insignificante que sea, es, en mayor o menor grado, semejante al creador (*SCG* I, q. 29).

2.2. La potencia y el acto

Tras la estela de los dos principios fundamentales del ser de los griegos—de origen y semejanza (materia y forma)—, en su *Física*, Aristóteles hace una defensa de la realidad de la generación en sentido fuerte (cambio sustancial) desarrollando las categorías filosóficas de potencia (el ser como *capacidad* para una realidad) y acto (la *activación* o consecución de una capacidad para una realidad).

Por ejemplo, una semilla tiene capacidad de ser árbol, y un árbol de determinada especie (si sembramos una bellota, no florecerá un cerezo), pero todavía no es árbol. En términos filosóficos diríamos que la semilla es un determinado árbol en potencia pero todavía no lo es en acto. Es árbol de alguna manera... pero todavía no es árbol en sentido pleno. Este desarrollo filosófico que distingue entre el ser-en-potencia y el ser-en-acto es otro avance fundamental en la comprensión de la realidad de la novedad.

Siguiendo la inquietud que nos guía, preguntémonos: entre ser algo en potencia y serlo en acto, ¿qué novedad hay? El paso de potencia a acto no supone un cambio de especie-forma (la semilla de bellota no se actualiza en un cerezo), pero por otro lado no es simplemente el cambio de forma externa de una materia preexistente (como lo entendían los presocráticos), sino que hay una verdadera novedad, una novedad mayor de la que percibimos en el cambio de forma de una materia. El árbol, en acto, supone una gran novedad respecto a la semilla de la que procede. En el proceso que va de la potencia al acto, el ser se transforma, cambia; no de especie, pero sí en un sentido real y fuerte, hasta el punto de que a veces supone el paso de una realidad inerte (la semilla) a una realidad viva y con alma (árbol). Podríamos decir que aquella capacidad que había, al pasar a estar en acto, se plenifica: el ser alcanza de hecho en *acto* ese ser que *podía* alcanzar porque tenía la capacidad para ello.

El mundo natural abunda en fenómenos que exhiben este paso de ser-potencia a ser-acto. Y por eso nos maravillamos verdaderamente al ver crecer las flores, reproducirse los animales, cambiar los colores, porque percibimos algo nuevo que antes no había. Las categorías de acto y potencia nos permiten explicar *más* novedad en el mundo natural de la que podían explicar los presocráticos con las categorías de materia y forma. Nos permiten entender que la realidad encierra más potencialidad, más capacidad —más ser en definitiva—, del que en un determinado momento podemos ver actualizado. Nos ayuda a entender que el ser no se reduce a lo que hay aquí y ahora, sino que es *dinámico*, admite más y puede plenificarse. En otras palabras, que el ser puede ser más. Y al mismo tiempo estas categorías permanecen fieles a los dos principios metafísicos fundamentales (origen y semejanza): la potencia funciona como esa "materia" de la que se procede, y el acto tiene semejanza en "especie" con la potencia de la que procede.

Al mismo tiempo que ilumina más la experiencia de novedad que tenemos, esta distinción entre potencia y acto nos hace plantearnos la siguiente pregunta: ¿cabe novedad del ser más allá de su propia potencia? ¿No es la potencia al fin y al cabo una limitación de la actualidad que se puede conseguir, y por lo tanto la potencia limita la novedad? En el nivel anterior de los presocráticos, también podríamos ver la materia y la forma como una limitación de la posibilidad de novedad: la materia nunca puede dar lugar a una novedad que vaya más allá de la misma materia, y la forma tampoco... Ahora con la potencia y el acto se amplía el margen de novedad, pero en el fondo ocurre lo mismo: no parece que quepa novedad más allá de los límites establecidos por el origen, por la potencia. Una bellota podrá o no engendrar un árbol, pero nunca podrá engendrar un cerezo. Y esto nos toca también a los seres humanos en cuanto seres naturales: nacemos hombres y moriremos hombres...; pase lo que pase en nuestra vida, nuestra especie no cambiará.

De este modo tocamos de algún modo techo en la reflexión del misterio de la novedad si nos quedamos en el mundo natural. Gracias a la reflexión de varios siglos de grandes filósofos griegos, podemos entender que hay novedad dentro de la naturaleza: dinamismo, procesos, cambios... Verdadera novedad, ciertamente, y asombrosa, pero, ¿es suficiente para nuestro deseo de dar fruto? ¿Se reduce nuestro deseo de fecundidad a activar la potencialidad que tuvimos el día en que nacimos? Nuestro recorrido nos lleva así a adentrarnos en *el misterio del ser a la luz del misterio del ser de la persona humana*. ¿Qué margen de novedad, más allá de la capacidad natural inicial, puede esperarse en la persona humana? ¿Es el hombre simplemente un ser "natural" más, prisionero de su potencia inicial, por muy superior al resto de los seres naturales que pueda ser? ¿De qué nos sirve tener más inteligencia, conciencia, lenguaje si, al fin y al cabo, no podemos romper los límites del ser? ¿No tenemos todos experiencias de verdadera novedad y crecimiento en nuestro ser a la par del paso del tiempo en nuestra vida?

3. La experiencia de la novedad en la persona: cuando la potencia se dilata

3.1. Formas de novedad personal

En nuestra vida como personas podemos reconocer distintas formas de novedad. La primera de ellas se refiere a aquello que el hombre puede producir. Este es quizá el sentido más inmediato que tenemos de la novedad, si bien veremos que es, en un sentido, el más superficial. Si preguntásemos a varios jóvenes por las novedades más recientes, seguramente nos referirían el último modelo de *smartphone* o de *tablet*. El hombre, a diferencia de los animales, es capaz de crear cultura. Y dentro de la cultura, desde su mismo origen como hombre, está la técnica, la capacidad de producir artefactos e instrumentos nuevos. Este tipo de novedad se asemeja claramente a la visión presocrática de la materia y la forma: a partir de elementos que ya existen ("materiales", piezas, etc.), el hombre es capaz de componer cosas nuevas y útiles. Lo que caracteriza esta primera forma de novedad, por lo tanto, es que la novedad queda fuera del sujeto y tiene fin utilitario.

Una segunda forma de novedad en el ámbito personal corresponde a su vez con la actualización de potencialidades naturales que el hombre tiene. Cada día ejercemos (actualizamos) muchas funciones vitales de nuestra naturaleza. Tenemos la capacidad para ello, pero la actualidad de estas funciones vitales (respirar, por ejemplo) supone también una novedad. A diferencia de la anterior forma de novedad, esta queda, por así decirlo, "dentro de nosotros". Pero estas novedades (actualidades) nunca van más allá de la potencia natural que tenemos al nacer.

La tercera forma de novedad se encuentra en todas aquellas actualidades que suponen un enriquecimiento de la persona. Por ejemplo, todos los hábitos que podemos adquirir, tanto morales (virtudes) como artesanales (destrezas) e intelectuales (conocimientos, ciencia, etc.). Aristóteles decía que el alma por un lado era una tabla rasa, y por otro que era en un sentido todas las cosas, dando a entender que puede conocer todo lo que se le presenta a los sentidos. Si bien es cierto que si aprendemos algo es porque en un sentido tenemos capacidad para ello, la novedad que supone una virtud o una destreza no es igual que la actualización de una función vital. En común con la función vital, la virtud y la destreza tienen el carácter interno, pero a diferencia de esta tienen una novedad que no se deduce de la potencia natural originaria que tenemos al nacer. Vislumbramos aquí ya una actualidad que, si bien se apoya en nuestra capacidad natural, es fruto también de realidades externas a nosotros (que podemos conocer) o de nuestra misma capacidad de actuar como personas (las virtudes). La novedad en nuestra vida, ya a este nivel, nos revela que no se agota en la capacidad que podamos tener como *individuos* aislados. Es asombroso considerar la maravilla que supone el adquirir una virtud, una destreza (nadie nace sabiendo montar en bicicleta o conducir), o un conocimiento. La misma acción humana, nuestro actuar moral, es un ejemplo elocuente de la capacidad de novedad: nuestras acciones no están escritas *a priori* en ningún sitio, sino que las creamos, son nuevas.

Otro ámbito de novedad es todo lo que se refiere a la cultura (cf. *Minorías Creativas*). Esta incluye no solo la técnica, de la que ya hemos hablado y que está dirigida a la utilidad y al uso, sino una gran cantidad de ámbitos de novedad: el lenguaje, el arte, las prácticas, etc. Estas realidades novedosas que el hombre crea no se reducen a instrumentos de utilidad. Quizá donde mejor se percibe esta dimensión es en el arte: el hombre busca expresar en modo creativo, no utilitario, realidades relevantes para su existencia. Esto distingue la novedad de la técnica de la novedad del arte.

3.2. La novedad de la comunión interpersonal

Pero la novedad personal no se acaba aquí. Junto a estos cuatro ámbitos de novedad, que mencionamos no a título exhaustivo sino como ilustración de distintas formas de novedad en la vida del hombre, experimentamos la novedad que supone el encuentro con otras personas. La comunión, el *encuentro interpersonal*, trae consigo siempre una gran novedad. Todas estas formas de novedad que hemos distinguido, en el fondo van unidas y están en función de la novedad de la comunión interpersonal. En otras palabras, toda novedad en el hombre tiene que ver con su relación con otras personas. Quien tiene verdaderos amigos, quien vive en fidelidad y en verdad el matrimonio, quien se consagra a Dios, quien enseña y quien aprende, y en definitiva, quien ama de verdad a otra persona y es amada por ella, experimenta cómo su vida se enriquece, es más grande.

¿Qué novedad podemos esperar entonces del encuentro con otras personas? ¿Cómo es posible que nuestro ser pueda crecer y enriquecerse? La experiencia de ser personas tiene siempre como origen el reconocimiento de un *don* que otra persona me hace. Reconocerse como persona solo es posible cuando reconocemos que somos amados primero, cuando descubrimos que hay alguien que nos dona un amor. Si nadie nos hubiera amado jamás, ¿podríamos reconocernos como personas? Si hay persona es porque hay don, por eso fuera de la comunión de personas, fuera de relaciones que comunican dones, no hay persona humana. La pregunta por la novedad del encuentro interpersonal se plantea entonces de la siguiente manera: ¿qué novedad supone para mi ser recibir un don? ¿Cómo afecta el don a mi potencia y a mis capacidades como persona? ¿Qué ser, si es que tendría alguno como persona, tendría alguien al que nadie amase ni hubiese amado?

Si aplicamos meramente el modelo natural (la actualidad no puede ir más allá de la potencia natural inicial), recibir un don o no, sería irrelevante. Al fin y al cabo, no podemos ir más allá de la potencia que hay al inicio. ¿De qué sirve prometer algo a una planta? Podemos cuidarla, regarla, ponerla al sol, pero toda su actualidad nunca sobrepasará su potencia. La gran pregunta es si podemos dilatar la potencia, no solo si podemos ayudar al éxito de su actualización.

¿Tenemos experiencias en nuestra vida de dilatación de nuestro ser? Sí, y muy hermosas. Y ocurren siempre en las tres coordenadas de nuestra existencia: la carne, el tiempo y las relaciones con otras personas. Sin ánimo de desarrollarlo aquí tenemos experiencia de cómo en el encuentro con otras personas *el corazón se dilata* (cf. *El Corazón: Urdimbre y trama*). Nos cuesta entender que el corazón pueda crecer o menguar, y nos puede resultar imposible, si no somos capaces de entender la especificidad de la novedad personal frente a la novedad del mundo natural. Que el corazón se dilata cuando otro me hace un don, cuando me hacen una promesa, etc., no significa sino que *la potencia de mi ser se dilata*. En un sentido real la potencia de nuestro ser se supera a sí misma, no en el sentido de sustituirla por otra potencia distinta, sino elevando y dilatando nuestro ser, integrando la potencialidad que ya teníamos. Cuando entramos en comunión con otras personas, toda nuestra potencialidad, todas nuestras fuerzas, nuestros intereses, etc. se enriquecen, aumentan, se comparten y se integran y ordenan a una nueva actualidad, que es el amor. Por eso la experiencia del amor, al igual que la de Dios mismo, no supone una metafísica distinta, sino una dilatación, una elevación de nuestro ser. Regalar amor, si se me permite decirlo así, es regalar potencia, es regalar más ser.

Uno de los mayores problemas de la Edad Moderna es la ruptura entre la naturaleza y la persona. Para muchos autores constituyen mundos diversos que no somos capaces de integrar. El hombre vive así como en dos mundos: por un lado es un "animal" que tiene su propia naturaleza, instintos, necesidades... y por otro experimenta, en "otro mundo distinto" realidades personales como la libertad, el amor, la experiencia de Dios. Pero no se ve cómo integrar estos dos mundos, el natural y el personal, y así la vida anfibia del hombre termina en una esquizofrenia existencial irresoluble. Desde la perspectiva que estamos adoptando, se ofrece un modo de integrar estas dimensiones humanas, la natural y la personal, porque la novedad personal es en definitiva la plenitud de la naturaleza del hombre. La naturaleza humana, la única naturaleza del único hombre que somos cada uno de nosotros esconde una potencialidad personal. Pero a diferencia de otras potencialidades "más naturales" (para entendernos), nuestro ser persona es siempre fruto de la comunión interpersonal.

Desde esta perspectiva entendemos que sin amor el ser del hombre es pobre, se queda chico, no alcanza su plenitud. El ser del hombre, su naturaleza, se plenifica únicamente en el amor. Sin amor, por decirlo de otra manera, nuestra naturaleza no se actualiza, y, por otro lado, esa actualidad no se reduce a la potencia que tenemos como individuos. Este es el misterio de la persona: no somos persona sin los demás, no somos hombres meramente por ser individuos, *nuestro ser se nos regala*. El problema de la Edad Moderna en su visión fracturada del hombre está en su visión pobre del hombre—paradójicamente el ideal moderno era la exaltación de la humanidad del hombre en sí misma—, que trata de explicarse sin referencia a otras personas, sin el amor. Una antropología basada en el individuo que no dé lugar al amor interpersonal está condenada al fracaso, porque el ser del hombre se plenifica solo en el amor.

La comunión con otras personas, amar, nos hace crecer y hace crecer a los demás, lleva nuestra vida más allá de lo que podía llegar si no hubiésemos recibido el don del amor. En función de lo que amamos, nuestro corazón al nacer y nuestro corazón al morir son muy distintos: puede haber crecido, puede haber encogido. Todo dependerá de cuánto se haya dilatado. En esta luz podemos entender la profundidad de la afirmación de San Agustín: *amor meus, pondus meum* (nuestro peso, nuestro valor como personas, viene definido por lo que amamos y somos amados). En otras palabras, podríamos decir que mi potencia, lo que puede dar de sí mi vida, es sencillamente lo que pueda dilatarse el corazón; y cuánto pueda dilatarse el corazón dependerá de cuánto grande pueda ser el amor.

Un corolario que no voy a desarrollar aquí es cómo la novedad personal también dilata el ser de la realidad no personal que nos rodea. Hay un sentido real por el cual la experiencia del amor también supone llevar la realidad no personal a una plenitud (actualidad) nueva. Cuando regalamos unas flores a una persona, sin dejar de ser flores estas alcanzan un significado personal nuevo, más allá de su potencia natural (De Ribera, 2010). En este sentido la realidad no personal está abierta a integrarse con un significado nuevo en la comunión interpersonal. ¿No alcanzan una plenitud nueva las flores, de por sí ya hermosas y plenas naturalmente, cuando sirven para expresar el amor a una persona? En este sentido la persona es generativa del mundo que le rodea. El amor hace así nuevas todas las cosas. Podríamos ver aquí uno de los fundamentos de la filosofía del sacramento: la materia y la realidad no personal están abiertas a un nuevo significado personal. El amor es el que permite últimamente a la realidad material ser sacramento. Para el que ama, las realidades que le rodean no son meros "datos" (*datum*), sino "dones" (*donum*), porque el mismo ser de las cosas no se reduce solo a lo que son, sino que está abierto a ser más, dentro de la comunión interpersonal. La creación es un don (Schmitz, 1982).

3.3. La novedad originaria: el Dios Trinitario

¿Cuál es el origen último de la novedad del ser en general (la antigua y siempre pertinente pregunta griega por el origen: "¿de dónde viene ese ser nuevo?", pues no puede proceder de la nada...) y del ser personal en general? La pregunta por la novedad del encuentro interpersonal nos ha llevado así a la pregunta por la novedad del amor. El límite de nuestra potencia ya no es un límite de potencia natural, aunque la integra, sino que depende radicalmente del límite del amor. ¿Y cuánto puede dar de sí el amor?

Llegamos así al término de nuestra reflexión, término que en realidad es el Origen. ¿Cuánto puede dar de sí nuestra vida? Tanto como pueda dar de sí el amor. ¿Y cuánto puede dar de sí el Amor? A la luz de nuestras reflexiones, que incluyen la novedad natural y a la vez la novedad personal para nuestro ser, podemos adentrarnos mejor en el misterio de la *divinización* del hombre. Sin abandonar las coordenadas de la carne, el tiempo y las relaciones, por el misterio de la Encarnación, el hombre está abierto en su corazón al don de la divinización, que tiene su origen en el amor de Dios, la caridad. La caridad, "el amor de Dios derramado en nuestros corazones por el Espíritu Santo que se nos ha dado" (Rm 5, 5), un amor que Dios nos regala, puede dilatar nuestra potencia hasta límites que ni ojo vio ni oído oyó.

Amar y ser amado abre un nuevo espacio en nuestro ser, pues lo dilata. Al regalarnos su Amor, Dios nos ha hecho más grandes, ha hecho posible la divinización de nuestra naturaleza sin que suponga abandonar nuestra naturaleza: la dilata, no la niega, y la lleva hasta una plenitud divina pero asombrosamente propia. Es *nuestra* carne la que se diviniza gracias al don del Espíritu de Cristo.

En el Origen entendemos cómo el que es el Ser pleno es el Amor pleno. El amor no está más allá del ser, sino que es el ser en su plenitud máxima. No hay novedad más allá del ser, pero sí un camino y un espacio de plenitud entre lo que somos y lo que por gracia estamos llamados a ser. Si hay novedad en nuestra vida, en el fondo, es porque Dios nos ama y nos regala ese espacio de novedad. El Padre es la fuente de toda novedad y Dios es comunión. ¿Qué implica esto para la metafísica del ser? Que toda novedad es profundizar en el ser, dilatarlo, actualizarlo, y no salir de él. Y el ser es Dios, por lo que Dios es siempre más, y ese ser más, sin superarse a sí mismo, es su mismo ser. El que es plenitud de ser, *ipsum esse subsistens*, es fuente inagotable de ser.

Conclusión

¿Es posible dar fruto? ¿Hay más de lo que hay? ¿Cuánto puede dar de sí el ser? ¿Cuán grande y bella puede ser nuestra vida? A la luz de nuestra reflexión desde los inicios de la filosofía occidental hemos vislumbrado cómo el ser está abierto a más ser, a la novedad, al amor, como plenitud de ser. El mundo de la naturaleza y el mundo de la persona nos hablan de novedad, una novedad que por don de Dios es promesa de divinización. Y es una novedad posible, no aparente, porque *hay espacio para más ser*, ya que el mismo *ser* de Dios es ser *Amor*. La gran intuición y aportación de la revelación cristiana a la filosofía no es solo la revelación de Dios como "el que es" (Ex 3,14), sino la revelación de que "Dios es amor" (1Jn 4,8).

La novedad, que es una forma y al mismo tiempo una plenitud de ser, siempre se da dentro de las coordenadas del tiempo (no es "instantánea", lo sabemos bien), de la carne (no es "*ex nihilo*" como la magia) y florece en la relación natural (muchas causas distintas interaccionan en la generación de un nuevo ser natural) e interpersonal (el individuo aislado no es fuente de novedad). La metafísica griega es muy iluminadora para entender la novedad en el mundo natural, pero necesita integrarse en una metafísica sensible a la novedad del ser personal. De esta manera no desaparece, sino que se enriquece en una metafísica en que el ser y el amor se reclaman mutuamente, pues el amor es la actualidad plena del ser. Permaneciendo fieles a los principios metafísicos perennes del origen y la semejanza, la metafísica iluminada por la experiencia del Dios trinitario alcanza cumbres insospechadas sin negarse a sí misma. La revelación del amor y del misterio del ser persona es un ejemplo del enriquecimiento de la filosofía a la luz de la revelación divina, pues la filosofía "es animada a explorar vías que por sí sola no habría siquiera sospechado poder recorrer. De esta relación de circularidad con la palabra de Dios la filosofía sale enriquecida, porque la razón descubre nuevos e inesperados horizontes". (cf. *Fides et ratio*, 73).

El ser encierra la paradoja de la fecundidad. Querría así acabar con una lectura de la parábola de los talentos (Mt 25,14-30). Nos llama siempre la atención por qué el padrón de la parábola es tan duro con el siervo que recibió un solo talento y lo escondió para no perderlo. Al fin y al cabo, ¿no evitó perderlo y lo devolvió intacto a su señor? A la luz de cuanto hemos considerado en este artículo podemos entender mejor por qué dicho siervo merecía ser recriminado. No perdió el talento físicamente, pero lo perdió en cuanto que ese talento podía ser más, podía haber dado fruto, había en él más de lo que había. Esta es la paradoja de nuestra vida. El ser que somos, el ser que vivimos, es más de lo que hay. No ganar es perder, no dar fruto es morir para siempre. Si no acabamos esta vida con más ser, con más potencia, con más fruto, entonces estamos perdiendo nuestro ser, nuestro talento. Así entendemos el misterio de la fecundidad en nuestra vida y lo que nos estamos jugando: un talento es más que un talento, una vida es más que una vida. El reto en nuestra vida no es no perder el talento para poder devolverlo al final de nuestros días, sino hacer que el talento que hemos recibido se dilate y dé mucho fruto. ¿Qué ve Dios cuando contempla nuestro ser?

Bibliografía

ARISTÓTELES. *Física*. Gredos, 2007.

DE RIBERA, I., "El logos del corazón y su interpretación", en J. GRANADOS – C. GRANADOS (ed.), *El Corazón: Urdimbre y Trama*, Colección Didaskalos, Monte Carmelo, Burgos 2010, 83-104.

GRANADOS, L. – DE RIBERA, I. (ed.), *Minorías Creativas: El Fermento del Cristianismo*, Colección Didaskalos, Monte Carmelo, Burgos 2011.

SCHMITZ, K. L. *The gift: Creation*, Marquette University Press, 1982.

STO. TOMÁS DE AQUINO, *Suma Contra los Gentiles I. Libros 1° y 2°*, BAC, Madrid 2007.

_____, *Suma de Teología I. Parte I*, BAC, Madrid 2006.

SOLMSEN, F. *Aristotle's System of the Physical World: A Comparison with His Predecessors*, Cornell University Press, Ithaca 1960.

VV.AA., *De Tales a Demócrito. Fragmentos Presocráticos*. Introducción, traducción y notas de Alberto Bernabé, Alianza Editorial, Madrid 1997.

La novedad del ser y la fecundidad de la comunión

CAPÍTULO 8

"De generación en generación" La fecundidad en la familia y en la virginidad

LEOPOLDO M. VIVES SOTO*

Una de las composiciones más populares de la música checa es el "Moldava" de Bedrich Smetana. En palabras del autor, la obra describe el nacimiento del Moldava en dos pequeños manantiales, el Moldava Frío y el Moldava Caliente, que se unen; el discurrir a través de bosques y pastizales, a través de paisajes donde se celebra una boda campesina y la danza de las náyades a la luz de la luna; en las cercanías del río se alzan castillos orgullosos, palacios y ruinas. El Moldava se precipita en los Rápidos de San Juan, y después se ensancha de nuevo y fluye apacible hacia Praga, pasa ante el castillo Vyšehrad, y se desvanece majestuosamente en la distancia, desembocando en el Elba.

Smetana utiliza diversos instrumentos y temas musicales que expresan con gran belleza plástica el curso del río aderezado por costumbres y leyendas de la tierra. Todo esto está recogido en la

---

* Profesor de Sacramento del Matrimonio en el *Pontificio Instituto Juan Pablo II para estudios sobre matrimonio y familia*, Valencia.

partitura que el director y los músicos tiene delante en el momento del concierto. Ahora bien, ¿basta una genial partitura e instrumentos bien afinados para que la velada musical sea un éxito?

¿En qué consiste la fecundidad? ¿Es puramente una sucesión de generaciones? Igual que una obra musical no es sólo las notas escritas en el papel, entendemos que al proponernos el tema de la fecundidad en la familia y la virginidad queremos apuntar a algo más grande. ¿Cuánto de nuestra vida son las notas escritas, y cuánto es la genialidad de una buena interpretación?

Cuanto más nos gusta una pieza musical, más exigentes somos con la interpretación. Sabemos que la inspiración del director y su compenetración con los músicos son necesarias para que la obra musical exprese toda su belleza. La orquesta podrá dar lugar a algo grande en virtud de su comunión.

En esta parte del libro estamos pensando la fecundidad en clave de comunión. Esto nos lleva a la familia como comunidad originaria para toda persona y hogar por excelencia de todo hombre. En la familia se nos desvela la urdimbre concreta de las relaciones más fundamentales de la persona. En sus relaciones personales vemos cómo la persona se abre al misterio del Dios Creador que, como el manantial del que brota el río, funda la realidad. Esta apertura es también la base de toda fecundidad en la vida de la persona. Al mismo tiempo, la familia nos pone en la perspectiva de las generaciones, pues la familia es una comunidad de generaciones.

¿Cómo podemos pensar la fecundidad de la familia? La primera respuesta que podemos tomar de la tradición es la generación y educación de los hijos, que constituye además un elemento fundamental de la vida conyugal. San Agustín propone la *proles* como uno de los tres bienes del matrimonio. Santo Tomás de Aquino, propone la procreación como uno de los dos fines del matrimonio.

Podemos comparar las corrientes de pensamiento con un río: después de los rápidos donde el agua se llena de energía y vitalidad, llegan lugares de remanso donde el agua se queda casi estancada. La teología del matrimonio se empobreció, centrándose en algunas cuestiones canónicas y morales. Se perdió la perspectiva del misterio sacramental y la tendencia fue centrarse en la generación de los hijos sin considerar las relaciones personales en que esto sucede.

La renovación teológica del siglo XX ha aportado nuevas perspectivas inspirándose en grandes temas de la tradición. La vocación a la santidad y la dimensión interpersonal del amor conyugal pasan a un primer plano. Conforme a este enfoque renovado, se da de nuevo importancia a la educación de los hijos; se valoran el sacramento y la santidad matrimonial como una verdadera fecundidad, de tipo espiritual; también son fecundos los matrimonios sin hijos.

La virginidad aparece como un signo privilegiado de esta fecundidad espiritual, que se estudia desde una fundamentación teológica sólida: no se trata de una mera palabra de consuelo a los que no tienen hijos, sino de una plenificación de la dimensión de paternidad que hay en todo verdadero amor, una participación de la paternidad divina.

En este sentido la aportación de Juan Pablo II resulta decisiva. En su teología del cuerpo, el Papa Wojtyla pone en primer plano la comunión personal como base de la fecundidad humana. Además propone comprender la paternidad como la participación en la paternidad divina, por la que la persona es generada no sólo en su naturaleza humana, sino en su ser personal y su ser hijo de Dios (cfr. *Carta a las familias*, 9).

La perspectiva esponsal propia de Juan Pablo II incide en que la fecundidad viene desarrollada en las relaciones personales, en lo que llamamos la "paternidad o maternidad espiritual". Esta fecundidad espiritual va más allá de la generación de una nueva vida; se extiende en la educación de los hijos generados. La virginidad nos da una perspectiva más profunda de la fecundidad a la vez que nos muestra el principio teológico de toda fecundidad: la comunión trinitaria.

En este marco nos situamos para proseguir la reflexión. La aventura de las aguas del Moldava que Smetana nos narra en su poema sinfónico nos servirá de hilo argumental. La exposición seguirá así un orden que avanza paralelo al curso del río que narra la obra musical.

El río comienza con dos manantiales cuyas aguas se encuentran para abrazarse y nadar juntas hacia la meta. El primer punto de este capítulo considera la realidad del amor. Como las dos fuentes del río, el hombre y la mujer se unen en el amor para crear algo nuevo. Esta novedad es expresión de la fecundidad del amor.

En el segundo punto seguimos la música que narra la cacería y la boda. Para entender el río tenemos que narrar también la vida de los hombres en las orillas del río. Este tema nos servirá de imagen para el segundo punto, en el que consideraremos la novedad que supone la vida de los hijos en la familia. Será un paso importante que nos dará las claves fundamentales para adentrarnos en la verdadera dimensión de la fecundidad de la vida familiar.

Siguiendo las notas de Smetana, el Moldava muestra su mayor esplendor en la ciudad de Praga, donde el río entra en el corazón de la historia de los hombres. Tras este momento de plenitud, la intensidad de la música va disminuyendo para expresar cómo el Moldava mezcla sus aguas perdiéndose en el Elba. Esta parte final del poema musical nos servirá de guión para desarrollar el tercer punto. El agua del río que se pierde en el río principal nos plantea el tema de nuestra meta última. Será el momento de considerar la fecundidad de la virginidad. En ella se nos muestra la novedad del Reino introduciéndonos en la fuente primigenia de toda fecundidad que es el misterio de Dios. Aquí el misterio de la fuente supera la lógica del río, porque la desembocadura está en el manantial que lo origina.

Durante generaciones y generaciones, el pueblo checo ha escrito su vida al ritmo de las aguas del Moldava. Sin embargo, siendo el río el mismo, sus aguas son siempre nuevas. Cada una de las historias que tejen la narración de la historia de un pueblo es única y nueva. El mismo río, las mismas construcciones, los mismos puentes... y cada historia diferente. ¿Qué es lo hace que, siendo la partitura la misma, cada director la haga sonar de modo tan diferente? Terminaremos considerando la relación entre tradición y novedad, cómo cada persona está llamada a realizar de modo nuevo y único una síntesis de la tradición que recibe de las generaciones anteriores.

1. La novedad del amor: el nacimiento del río

Quizás la experiencia más fundamental de la fecundidad es la paternidad. Pero precisamente esta obviedad puede hacernos olvidar un dato fundamental: la paternidad no solamente está íntimamente unida al amor conyugal, sino también radicada en él. Por ello consideramos primeramente el amor conyugal y la novedad que este amor trae a la vida de los enamorados. Como las aguas brotan del manantial para descubrir un mundo nuevo, la experiencia del amor abre a algo más grande que trasciende a los propios esposos. Esta trascendencia sólo es posible en la relacionalidad de la comunión.

En efecto, la experiencia del enamoramiento ha descubierto a los esposos un horizonte de plenitud que desborda los límites de su existencia. Comienza así para ellos un camino de crecimiento personal en el amor mediante la purificación del eros y su integración en el ágape. Como enseña Benedicto XVI en su encíclica *Deus caritas est*, "el eros quiere remontarnos «en éxtasis» hacia lo divino, llevarnos más allá de nosotros mismos, pero precisamente por eso necesita seguir un camino de ascesis, renuncia, purificación y recuperación" (n° 5). Sólo a través de este camino, la promesa de felicidad y plenitud del enamoramiento va poco a poco realizándose.

Ahora bien, ¿a dónde apunta el deseo que enciende el amor? Como bien explica Benedicto XVI, el amor quiere remontarnos a lo divino. La experiencia del amor nos abre de modo singular a la trascendencia: el amor nos abre a algo más grande que nosotros mismos. Pensemos de nuevo en la imagen del agua. La verdad del amor humano no está en ser un pequeño estanque donde el agua de la lluvia se concentra. El amor no se alimenta de emociones y momentos intensos pero aislados. El amor es como la fuente alimentada por un venero inagotable y fecundo de agua subterránea. Sólo cuando el agua procede de algo más grande que la propia fuente, ésta puede alimentar el río y saciar la sed de los que a ella se acercan. La trascendencia del manantial hace posible la fecundidad de la fuente. La fecundidad es en primer lugar un don recibido.

La grandeza a la que apunta el amor nos revela al mismo tiempo la debilidad de nuestra vida humana. Transportados en ese "éxtasis" a lo divino, nos damos cuenta de la desproporción entre nuestras aspiraciones y nuestras posibilidades.

La experiencia erótica del amor nos mueve al deseo del otro porque nos promete una plenitud nueva en nuestra vida. Pero el amor no es un movimiento de posesión, sino de comunión. No se puede poseer lo que es más grande que nosotros. Pero se puede abrazar acogiéndolo en la morada de nuestra interioridad. El amor es una comunión. Es aquí donde aparece la dimensión esencial de la relacionalidad. El misterio de la fecundidad no se le revela a la persona en la soledad, sino en la comunión. Sólo cuando acoge en el corazón a la persona humana reconociendo en ella la presencia del misterio de Dios se abre el espacio al misterio de la fecundidad. La fecundidad se da sólo en el marco de la interpersonalidad. De otro modo, la acción humana quedará irremisiblemente reducida a una acción técnica productiva.

Este empobrecimiento de la dimensión humana podría darse también en el amor interpersonal si se cierra en sí mismo. No hay verdadera interpersonalidad si no hay apertura a la trascendencia. Esta afirmación puede parecer audaz, pero no hace sino poner en evidencia la grandeza de la dignidad de la persona. La persona en sí misma es "misterio", se define por algo más grande que yo no puedo controlar, por su apertura al Misterio que funda la realidad entera. El que ama entra en la intimidad del otro con los pies descalzos de Moisés, porque sabe que pisa un terreno sagrado en el que el amado le ha introducido, abriendo para él el misterio de su intimidad. Se descalza porque en el misterio del otro brilla la luz eterna del misterio de Dios. El amado me desvela el misterio de Dios y me introduce en él. Abre una ruta a la que yo no podría acceder por mí mismo.

Nos encontramos aquí con el núcleo de la vida humana, que implica dos ingredientes esenciales: la carne y el tiempo. Nuestra existencia es una existencia encarnada. Vivimos en la carne. Nuestra carne abre un espacio interior que es nuestra intimidad. Nuestra vida está llamada a ser río, no agua contenida en una pequeña botella de plástico. ¿Dónde está la diferencia? Precisamente en la trascendencia: en salir del espacio de mi propia intimidad y entrar en el otro. En abrir mi corazón para que los otros moren en él. Y esta relacionalidad nos introduce también en el tiempo. En la intimidad del corazón el tiempo se convierte en historia humana. Es la comunión la que abre la carne a la trascendencia. La fecundidad es relacional porque implica la mediación del otro, y "la mediación no representa aquí un obstáculo, sino una apertura: en el encuentro con los demás, la mirada se extiende a una verdad más grande que nosotros mismos" (Papa Francisco, *Lumen Fidei* 14).

Así, en la mediación del otro mi vida se abre a algo más grande y a una fecundidad nueva. Escuchemos de nuevo la composición de Smetana. Esta "empieza con una introducción en la que destacan las flautas a las que responden los *pizzicati* de cuerdas y del arpa y luego el clarinete que figura como la segunda fuente. Pronto se produce una fusión que marca el verdadero nacimiento del río. El tema principal puede entonces elevarse, tan majestuoso como lírico" (Denizeau, 217).

El amor empieza con la alegría y el vértigo de las rápidas notas de la flauta, a la que responden los *pizzicati* del deseo de algo grande que se anuncia. La segunda voz, la del clarinete, entra en el diálogo del amor para abrir el espacio al tema principal, donde se expresa la verdadera identidad y fisonomía del amor. La cuerda, como la fecundidad divina, sostendrá y llevará la corriente del amor en la generosidad de sus aguas. Sólo la trascendencia de Dios puede dar la verdadera magnitud del amor. Si éste es capaz de hacer más grande nuestra vida es precisamente porque no viene de nosotros, sino porque procede de una fuente más primordial, de Dios. Por ello el amor humano encuentra su verdad en la medida en que se enraíza en el misterio de Dios.

2. La novedad del hijo: la vida se hace más grande

¿Por qué el Moldava, a medida que avanza su curso, se hace un río más grande? La respuesta está en los afluentes, que van uniendo sus aguas a la corriente principal incrementando su caudal. En la vida de la familia sucede algo parecido. Cada generación aporta nuevas aguas al caudal del río, enriqueciendo su corriente. Esto hacen los hijos en la familia: hacen su vida más grande.

Como dijimos arriba, la novedad del hijo es la expresión por excelencia de la fecundidad humana. Hemos visto así que en la historia del pensamiento teológico la generación de los hijos ha tenido gran importancia. Sin duda, los esposos son fecundos en los hijos. Esta fecundidad es condición de la existencia de la familia y de la propia humanidad.

La fecundidad de los padres tiene una originalidad esencial respecto de la reproducción animal, porque la paternidad humana supera la biológica. "Tanto en la concepción como en el nacimiento de un nuevo ser, los padres se hallan ante un «gran misterio» (Ef 5, 32). También el nuevo ser humano, igual que sus padres, es llamado a la existencia como persona y a la vida «en la verdad y en el amor». Esta llamada se refiere no sólo a lo temporal, sino también a lo eterno" (Juan Pablo II, *Carta a las familias*, 9).

Y este "misterio" personal del hijo abre a los esposos a un nuevo modo de fecundidad que da la medida del "misterio" de su paternidad. El hijo que es engendrado es una persona, única e irrepetible, cuya vida es sagrada porque pertenece plenamente a Dios. En su paternidad los esposos se encuentran ante el misterio de Dios, y su misión es introducir al hijo en este misterio. La paternidad humana es la mediación fundamental de la paternidad divina.

¿Cómo se realiza esta misión? Acogiendo a su hijo en la comunidad familiar. De este modo el hijo entra en la historia de la familia y en la urdimbre de sus relaciones. Y en este movimiento de comunión los padres se convierten en la referencia fundamental para los hijos. El engendrar de los padres implica un movimiento constante, un don continuado de sí mismos en el que la vida del hijo se abre a algo más grande. Sin esta dimensión que podemos llamar "personal" o "espiritual", no hay verdadera paternidad humana.

Ser padres es implicarse en la historia del hijo para hacer su vida más grande, para introducirlo en una existencia "en la verdad y en el amor". La familia es comunidad originaria donde el hijo es invitado a participar de la comunión de amor de los padres, en la que se abre a la participación en la comunión intratrinitaria como comunidad originaria última. A través de la mediación de la familia, el hijo conoce la paternidad de Dios y comienza a vivirla en su relación con la realidad. Ser padres es introducir al hijo en ese "gran misterio" de su filiación divina.

Hemos insistido varias veces en la trascendencia y en la raíz divina de la fecundidad humana. Pero podría surgir una pregunta: ¿no podría ser que la grandeza del don divino "aliene" o "expropie" la fecundidad, que ya no sería humana, sino divina? ¿Realmente el manantial aporta algo propio al agua que recibe del venero?

Esta pregunta nos introduce de lleno en el tema de la fecundidad humana. ¿Es realmente humana? Para ser humana, ¿tiene que renunciar a algo, limitar sus aspiraciones? ¿Hay verdadera "sinergia" entre la acción de Dios y la acción humana?

Dios respondió ya a esta pregunta en el misterio de la Encarnación. Nuestra respuesta vendrá dada en la medida en que dejemos que Dios sea parte de nuestra existencia concreta y engrandezca con su presencia nuestra vida. Dios, como verdadero padre, se implica en nuestra vida para hacerla más grande. Superar una concepción dualista del hombre es arriesgarse a que Dios esté de verdad presente en nuestras vidas. Siendo principios distintos, alma y cuerpo son inseparables en la unidad de la persona. El genoma es tan real en la constitución de la persona como su alma. El parecido con los padres es tan real como la imagen de Dios. Y más aún, la relación del hijo con sus padres marcará su vida de modo tan real como lo hará su experiencia religiosa.

Dios está presente en la generación humana y actúa en ella, y lo hace respetando las exigencias de la corporalidad y la temporalidad que Él hizo suyas en la encarnación. Dios no se salta la mediación humana de los padres. Es más, les confía a ellos, como lo hizo con María y José, a su hijo. Jesús, en su encarnación, "ha revelado al hombre la dimensión verdadera e integral de su humanidad: la filiación divina" (Juan Pablo II, *Carta a las familias*, 16). Cada niño que nace es hijo de los hombres pero también hijo de Dios, llamado a vivir el misterio de la filiación divina (cf. Juan Pablo II, *Mulieris dignitatem*, 19).

Los padres educan comunicando la propia humanidad al hijo, y ayudándole para que él también exprese la suya propia. Lo que se comunica es a la vez humano y divino, porque en el misterio de la Encarnación redentora ambas dimensiones quedaron unidas. Así los padres, al tiempo que hacen crecer a su hijo en la verdad y el amor, lo hacen crecer en su filiación divina. Los padres comunican la vida divina como parte inseparable de la verdad humana. Si consideramos la familia cristiana vemos que esto sucede de modo extraordinario en los sacramentos. Como enseña Juan Pablo II, la educación "es una comunicación vital, que no sólo establece una relación profunda entre educador y educando, sino que hace participar a ambos en la verdad y en el amor, meta final a la que está llamado todo hombre por parte de Dios Padre, Hijo y Espíritu Santo" (Juan Pablo II, *Carta a las familias*, 16).

De este modo la vida de la familia se hace más grande con los hijos. El don divino, dado en la mediación de la vida y el tiempo humanos, es fuente de algo siempre nuevo y más grande, que nos supera porque no viene de nosotros pero, al mismo tiempo, quiere ser algo totalmente nuestro.

3. La novedad del reino: el misterio de la fuente

El Moldava llega a la ciudad de Praga. Es "el retablo final donde se escucha la orquesta empezar, al máximo de sus fuerzas, el motivo de Vyšehard (roca colosal sobre la que está construida la fortaleza de la ciudad). El *piccolo* domina los metales, el acompañamiento ajustado de las cuerdas y los redobles del timbal" (Denizeau, 217).

Hasta ahora hemos considerado la novedad del amor y la novedad del hijo. Hemos visto cómo la fecundidad es humana en la medida en que se recibe de la fecundidad divina. Por eso la fecundidad no se agota en la novedad "biológica" del hijo, sino que requiere su educación como iniciación a su filiación divina. El hijo es introducido por los padres no sólo en la comunidad familiar, sino en la realidad y en la relación con Dios. De este modo la procreación humana expresa su verdadera fecundidad. La verdad de la paternidad implica una dimensión personal o espiritual.

También hemos visto cómo el amor conyugal introduce una fecundidad originaria que es anterior a la paternidad y la funda. El amor conyugal tiene una fecundidad primera que alcanza su verdadera dimensión en el sacramento del matrimonio. El matrimonio es fecundo porque su vínculo conyugal es un misterio de salvación. De este modo, los esposos que no han recibido el don de los hijos no quedan privados de la fecundidad. Además, está la dimensión de la paternidad espiritual que permite extender los frutos de su amor conyugal a otras personas que se beneficiarán de su entrega generosa.

Nos encontramos ahora con otro modo de fecundidad basado en otro modo de relación. Es la relación virginal, en la que la persona se entrega esponsalmente a Cristo. La virginidad cristiana supone la renuncia al matrimonio "por el reino de los cielos", proclamando así su valor absoluto, del que se convierte en signo. En efecto, como Jesús enseñó a los saduceos, en el cielo no se casarán (cf. Lc 20,35). Por tanto, nos encontramos con dos cuestiones referidas a la virginidad: el modo de su fecundidad y su especial relación con el "reino de los cielos". Trataremos en primer lugar la fecundidad de la virginidad y en un segundo momento su dimensión escatológica.

Cuando hemos hablado de la novedad del amor y la novedad del hijo ha quedado claramente establecido que la verdad del hombre implica la apertura al misterio de Dios. Por ello la fecundidad es verdaderamente humana cuando es comunicación de la vida divina y camino para entrar en el misterio de Dios. Hemos visto también cómo la generación de la persona ve mucho más allá de la realidad biológica en lo que hemos llamado fecundidad espiritual o personal. La virginidad se sitúa precisamente en esta dimensión espiritual. Para entender esto adecuadamente hemos de reafirmar que la virginidad es una relación esponsal con Cristo. La persona se entrega totalmente a Dios amado sobre todas las cosas. Hemos dicho que el misterio de la fecundidad no se le revela a la persona en la soledad, sino en la comunión. La virginidad consagrada no es un estado en el que la persona vive en la soledad, sino en una relación de comunión esponsal con Cristo, esposo de la Iglesia. Esta comunión es fecunda en la caridad y está llamada a enriquecer a muchos a través de una paternidad o maternidad espiritual.

Si el río del amor humano es la corriente que brota de las fuentes alimentadas por el escondido venero, podríamos decir que la virginidad es el mismo venero cuya corriente alimenta a la fuente. Por la virginidad, la persona se sumerge en el misterio de la fuente. El amor virginal vive con más radicalidad la relación filial de Jesús con el Padre y, por tanto, la comunicación del Espíritu, amor fecundo del Padre y el Hijo.

En su complementariedad, matrimonio y virginidad son dos caminos hacia la fuente última. Ambos beben y se alimentan de esa misma agua del amor divino. Matrimonio y virginidad, cada una en modo propio, viven la caridad que es la base de toda fecundidad y la perfección de la vida cristiana.

Pasamos ahora a considerar la dimensión escatológica de la virginidad, donde se expresa más plenamente la novedad del reino. En su condición de don esponsal a Cristo, la virginidad se convierte en signo escatológico que muestra el destino último del hombre en la comunión con Dios y el "estado virginal del cuerpo" en la resurrección. Así lo explica Juan Pablo II en sus catequesis sobre el amor humano:

> El recíproco don de sí mismo a Dios –don en el que el hombre concentrará y expresará todas las energías de la propia

subjetividad personal y psicosomática– será la respuesta al don de sí mismo por parte de Dios al hombre. En este recíproco don de sí por parte del hombre, don que será, hasta el fondo y definitivamente, beatificante, como respuesta digna de un sujeto personal al don de sí por parte de Dios, la "virginidad" –o más bien el estado virginal del cuerpo– se manifestará plenamente como cumplimiento escatológico del significado "esponsal" del cuerpo, como el signo específico y la expresión auténtica de toda la subjetividad personal. Así pues, esa situación escatológica en la que "no tomarán mujer ni marido" tiene su fundamento sólido en el estado futuro del sujeto personal, cuando, después de la visión de Dios "cara a cara", nacerá en él un amor de tal profundidad y fuerza de concentración sobre Dios mismo que absorberá completamente su entera subjetividad psicosomática (Juan Pablo II 2000, 379).

En esta plenitud, el cuerpo humano, protagonista fundamental de nuestra historia, entra plenamente. Si la escatología es plenitud de todo lo humano, es también plenitud de lo biológico, de la dimensión corporal de la persona en su masculinidad y feminidad. Juan Pablo II lo resalta al decir que ese estado virginal está referido al cuerpo, y que es cumplimiento escatológico de su significado esponsal.

De este modo, la persona consagrada, sea varón o mujer, manifiesta en su propia carne la comunión con Dios como destino final de cada persona humana. La virginidad desvela así el misterio de la fuente originaria: la comunión con Dios y la participación en su fecundidad divina. Ahora entendemos todo de un modo nuevo. Una nueva luz ilumina el misterio del tiempo humano. El amor humano nos muestra su grandeza porque sus aguas brotan del manantial divino y por ello en nuestro amor humano ya vivimos el misterio del amor de Dios. Y esta participación se nos da como don y promesa de lo que tendremos en el cielo. En la virginidad se nos muestra así la verdadera naturaleza de la fecundidad humana. Ella es testimonio vivo de que la fecundidad es verdaderamente humana cuando es comunicación de la vida divina y camino para entrar en el misterio de Dios.

Conclusión: de generación en generación

Acompañados por las notas del poema sinfónico de Smetana hemos recorrido el camino de la fecundidad del amor humano. Hemos considerado cómo el amor introduce una novedad en la vida humana abriéndola a algo más grande. Esta apertura implica un fruto y por tanto una fecundidad.

En un segundo momento hemos considerado la novedad que supone el hijo, y hemos visto que en la generación de la persona hay una fecundidad espiritual que apunta con más fuerza a un manantial originario. La virginidad nos ha introducido de lleno en el misterio de esta fuente. Así hemos podido concluir que la fecundidad es verdaderamente humana cuando es comunicación de la fecundidad divina.

Para concluir quisiera añadir una consideración sobre la tradición y la novedad, sobre la aportación específica de las generaciones precedentes a la propia fecundidad. Nos puede ayudar dejar al compositor para mirar a los músicos y al director. Ya notamos al principio cómo la música es algo más grande que la partitura, y que la genialidad del director de orquesta y los músicos son decisivos para la excelencia de su interpretación.

Cuando un niño nace, entra en la tradición de las generaciones que lo precedieron. De ellas recibe un patrimonio de experiencia que implica una lengua, unas costumbres, unos modos de hacer, una visión de la vida y de lo que la hace grande. "Los hijos crecen y maduran humanamente en la medida en que acogen con confianza ese patrimonio y esa educación, que van asumiendo progresivamente. De este modo son capaces de elaborar una síntesis personal entre lo recibido y lo nuevo, y que cada uno y cada generación están llamados a realizar" (Benedicto XVI, 2006). La memoria de nuestros antepasados nos constituye en nuestra identidad, a la vez que pide una decisión personal libre de abrazar el legado recibido. Por ello la historia personal está siempre abierta a la novedad, pues la libertad actúa siempre en modo nuevo.

En efecto, "cada persona y cada generación debe tomar de nuevo, personalmente, sus decisiones. Ni siquiera los valores más grandes del pasado pueden heredarse simplemente; tienen que ser asumidos y renovados a través de una opción personal, a menudo costosa" (Benedicto XVI, 2008). Por tanto no basta la sucesión de las generaciones ni el progreso acumulado. La fecundidad de la propia vida, es decir, el que mi vida se abra a algo más grande y nuevo exige siempre el compromiso personal.

La fecundidad y la grandeza de la vida no son productos de consumo a nuestra disposición. Me implican a mí precisamente en mi dimensión más personal, ponen en juego mi corazón. Se pone así en evidencia una dimensión esencial de la fecundidad: su relacionalidad. Se es fecundo en la relación con los demás. No somos fecundos en la soledad, sino en la comunión. En su encíclica sobre la Fe dice el Papa Francisco: "La persona vive siempre en relación. Proviene de otros, pertenece a otros, su vida se ensancha en el encuentro con otros. Incluso el conocimiento de sí, la misma autoconciencia, es relacional y está vinculada a otros que nos han precedido... El conocimiento de uno mismo sólo es posible cuando participamos en una memoria más grande" (*Lumen fidei* 38).

Nuestro estar insertos en una genealogía, pertenecer a una generación ligada con otras en el pasado y abierta a nuevas generaciones en el futuro sitúa nuestra vida en un nudo de relaciones. En la medida en que nos abramos con gratitud a esta dependencia y hagamos propio el legado de nuestros antepasados, nuestra vida se hace más grande, y abrimos para otros la fuente fecunda del legado que hemos recibido y a su vez transmitimos. Nuestra pequeña historia entra así en la gran narración de nuestras generaciones, enriqueciendo el tesoro de la tradición.

Por último, nuestra genealogía es testimonio constante de un origen común. De este modo, las generaciones que nos preceden nos anclan en la fuente primera que es Dios. Vivimos en un misterio que nos desborda y que precisamente por eso puede hacer fecunda nuestra vida. Abrirse a este misterio es la gran aventura de la vida. Una aventura que parte del reconocimiento de mi identidad y la acogida del don que me constituye como persona. Acoger el don es dejar que la vida fluya generosa desde el misterio en que mi vida se enraíza.

Bibliografía

ANDERSON, C. – GRANADOS, J., *Llamados al amor*, Colección Didaskalos, Monte Carmelo, Burgos 2011.

BENEDICTO XVI, *Encíclica Deus caritas est*, Roma 2005.

BENEDICTO XVI, *Homilía en el V Encuentro Mundial de las Familias*, Valencia, 9 de julio de 2006.

BENEDICTO XVI, *Carta sobre la tarea urgente de la educación*, Roma, 21 de enero de 2008.

FRANCISCO, *Encíclica Lumen fidei*, Roma 2013.

DENIZEAU, G., *Los géneros musicales*, Robinbook, Barcelona 2008.

JUAN PABLO II, *Exhortación apostólica Familiaris consortio*, Roma 1981.

_____, *Exhortación apostólica Mulieris dignitatem*, Roma 1987.

_____, *Gratissimam sane* (Carta a las familias), Roma 1994.

_____, *Hombre y mujer lo creó*, Cristiandad, Madrid 2000.

OUELLET, M., *Divina somiglianza. Antropologia trinitaria della famiglia*, Lateran University Press, Roma 2004.

"De generación en generación"

CAPÍTULO 9

Las prácticas
como mediación de la fecundidad

JAIME DE CENDRA DE LARRAGÁN [*]

Cuenta la historia que el dios Dionisio quiso agradecer al rey Midas el haber cuidado de su amigo Sileno concediéndole un deseo. El rey Midas, sin dudarlo, pidió el poder de convertir en oro todo lo que tocase...y el deseo se cumplió. Todo se convertía en estatua del precioso metal al contacto de sus dedos. Su riqueza aumentaba cada vez que posaba sus manos sobre algo. Su mujer, su hija...pasaron a engrosar su tesoro también, y el rey se dio cuenta demasiado tarde del resultado de su insensato deseo.

La historia del rey Midas es la tragedia de la avaricia y la estupidez que pretende multiplicar de una manera pueril y desmesurada un bien que es solo relativo. ¿Cuántas actividades hoy en día caen en la tentación de una mera productividad, de unos balances positivos aún a costa de otros bienes también importantes? La productividad no conlleva necesariamente fecundidad aunque sea fácil confundirlos. Fecundo es algo que da mucho fruto, pero sería un

---

[*] Licenciado en Filosofía por la Pontificia Universidad Gregoriana, Roma.

error confundir el fruto con el producto. Una vida fecunda genera vida alrededor; el rey Midas, capaz de producir oro a espuertas, la destruía cuando la tocaba.

Sin embargo, tampoco se debe confundir la fertilidad con la fecundidad aunque se usen a veces como sinónimos. Una tierra fértil guarda en sí una potencialidad enorme, una fuerza capaz de hacer germinar todo tipo de semillas. Pero si no se realiza en ella una actividad organizada y sistemática, sólo dará hierbas y árboles silvestres. No se pueden comparar un árbol frutal silvestre con uno de huerta. El primero es más pequeño y vulnerable a las plagas y a los animales. El segundo es más grande gracias al abono, la poda y el riego. Una tierra es fecunda en la medida en que es cultivada por la mano del hombre. La agricultura es una de las prácticas más antiguas que se conocen, junto a la caza y al arte de domesticar animales. Esta práctica no sólo permitió hacer fecundo lo que era simplemente fértil (y a veces incluso lo que no lo era) sino que hizo posible la cultura (no por casualidad cultura tiene la misma raíz que "cultivar"), al permitir abandonar el nomadismo y asentarse en la tierra.

La fecundidad necesita prácticas, actividades inventadas por el hombre capaces de dar fruto más allá de la mera producción, que generen un fruto excelente que haga crecer al hombre y sus relaciones. En este trabajo reflexionaremos acerca de las prácticas como las mediaciones de la fecundidad y veremos qué son y cuáles son las notas de esa fecundidad.

1. El concepto de práctica

Cuando hablamos de prácticas como mediaciones de la fecundidad, no nos estamos refiriendo al sentido coloquial del término, es decir, a cualquier tipo de actividad destinada a producir unos efectos, o a un mero conjunto de habilidades técnicas orientadas a la consecución de un producto. Nos referimos más bien, siguiendo la definición que ofrece MacIntyre en su obra *Tras la virtud* (MacIntyre 2001, 233) a un conjunto de actividades cooperativas cuyo fin es la realización de su bien interno y la búsqueda de los modelos de excelencia que le son propios. Como resultado de todo ello, la capacidad humana para lograr la excelencia y los conceptos que tenemos de bienes y de fines se extienden a otros ámbitos más allá de una práctica concreta. Cuatro son, por tanto, las condiciones necesarias aunque no suficientes que una práctica debe reunir si es que quiere ser fecunda. A lo largo de estas páginas analizaremos cada uno de estos aspectos de las prácticas viendo por qué son necesarios y por qué no son suficientes. Veremos que a todo ello es necesario añadir un tipo de comprensión narrativa de las prácticas, un compromiso firme con las mismas, es decir, reflexionaremos acerca del papel de la fidelidad y del compromiso y su relación con la fecundidad, para terminar con la necesidad de un desarrollo de lo que llamaremos "las prácticas de las prácticas".

2. El bien interno de las prácticas

Ya decía Aristóteles que todo lo que se hace puede tener dos motivos: que sea bueno en sí mismo o que sea un medio para alcanzar aquello que es mejor (Ética a Nicómaco). De ese modo explicaba la felicidad como aquello que se escoge por sí mismo y no como un medio para alcanzar otra cosa. Descartaba así que el dinero, la fama o el poder pudieran ser el fin del hombre, pues todos ellos se eligen para otra cosa. El dinero nunca podrá ser un fin en sí mismo, pues su misma naturaleza es la de ser un medio, una moneda de cambio. Y esto implica decir que el dinero nunca podrá hacernos felices. Siguiendo este razonamiento, podemos distinguir dos tipos de bienes derivados de una práctica: los bienes internos y los externos. Los primeros son aquellos bienes propios de la práctica, que solo a través de ella se pueden alcanzar y que solo pueden reconocer los que participan en ella. Los bienes externos, por el contrario, son aquellos que se derivan secundariamente de una práctica pero que no son propios de ella, es decir, que se pueden obtener de muchas otras maneras. Bienes internos son la excelencia en los resultados de una práctica y el tipo de vida propio del que participa en ella; bienes externos son, por ejemplo, el dinero, la fama o el poder.

Es importante comprender que el bien interno de la práctica nos enseña que no todo lo que hacemos es reducible a un medio o herramienta útil para lograr otra cosa. Es relativamente sencillo establecer la relación causal entre la utilidad o eficacia de algo y su bondad, o dicho de otra manera, medir la bondad de algo por su utilidad. Pero no es nada fácil descubrir la bondad de aquellas cosas que parecen inútiles, es decir, que son buenas por sí mismas sin necesidad de remitir a nada ulterior. Es fácil pensar que el cine puede proporcionar dinero, poder y fama, pero no es tan fácil descubrir la belleza de la vida del actor ni la bondad que se deriva de ser un excelente actor que interpreta buenos papeles aunque ello no suponga un éxito de taquilla. Para lo primero puede bastar con tener una serie de habilidades técnicas como actor o director. Para lo segundo es necesario poseer, además, todo un conjunto de virtudes como la paciencia, la honestidad, la templanza, la justicia…

Dicho esto, podemos entonces decir que la fecundidad de una práctica radica en la capacidad que tiene para hacernos experimentar y reconocer su bien interno, aquello que es bueno por sí mismo. Este reconocimiento comienza con la experiencia de lo bueno en sí que surge del contacto con la excelencia. Las prácticas son (y deberían ser) el ámbito en el cual experimentamos lo excelente. Es el contacto con lo excelente lo que despierta la creatividad en el aprendiz, lo que estimula su deseo de aprender y de mejorar el modelo que tiene ante los ojos. Pero en este proceso tienen efectos devastadores el confundir bienes internos con externos o el centrarse en los últimos. Quizás pueda iluminar lo que estamos diciendo la diferencia que existe entre crear y producir. La creación implica creatividad, esa maravillosa capacidad de absorber las más variadas experiencias y transformarlas en acciones nuevas e igualmente maravillosas. La producción implica la repetición de un modelo, la aceptación de una fórmula que ha tenido éxito. En cierto sentido la producción en masa o en cadena es la muerte de la creatividad y, por ende, de la práctica, lo mismo que el consumismo es la muerte de la fecundidad (Arendt 2005, 135-142).

Quizás esto quede más claro con un ejemplo. Imaginemos que un actor de cine consagrado, con un óscar en el bolsillo, aceptase participar en películas de discutible calidad. Nos preguntaríamos inmediatamente qué es lo que le ha llevado a aceptar semejante papel. Las razones pueden ser muy variadas y quizás sería una de ellas el hecho de que, habiendo llegado al culmen de su carrera, el actor se viese a sí mismo como un producto acabado que tiene éxito. Entonces se pararía, detendría su búsqueda de la excelencia y empezaría a "copiarse a sí mismo", a reproducirse en todos y cada uno de los papeles que interpretase pasando así de artista a productor, de creador a fabricante (Marcel 2005, 137-145). Pero quizás el verdadero problema no es que haya dejado de ser artista, sino que ha dejado de ser persona porque ha dejado de asumir el reto de crear, de enfrentarse a sí mismo (Marcel 2004, 113-127). El fin externo del dinero, la fama o el poder, se habrían convertido en sus fines y él habría abandonado el camino de la creatividad, de la búsqueda de una excelencia siempre nueva que enriquece no solo al mundo del cine sino a los mismos espectadores.

El cine se convierte en una práctica fecunda cuando los actores experimentan el bien que supone actuar con otros grandes actores que interpretan de manera excelente papeles difíciles. Esas experiencias del bien interno del cine, de lo que significa vivir como un actor dando vida a personajes profundos y complejos, y de hacerlo bien, es lo que a su vez enriquece al público con nuevas inspiraciones, con grandes sueños, con modelos a los que imitar. Por el contrario, el bien externo del dinero es lo que puede llegar a convertir el séptimo arte en una cadena de montaje, llevando a las pantallas películas que solo consiguen esclerotizar la mente de los espectadores y cuyo único logro es aportar experiencias tan vanas y pasajeras como las imágenes que las contienen.

Siendo necesaria esta experiencia del bien interno que despierta nuestro deseo y nuestra creatividad, no es suficiente para que la práctica sea fecunda. Es preciso que la práctica nos proporcione la posibilidad de adquirir las cualidades morales e intelectuales necesarias para alcanzar el bien interno de las mismas. El mero deseo de lograr el bien y la excelencia no bastan, son necesarias las virtudes. Ellas nos hacen capaces de alcanzar el bien, de recrearlo, de lograr la excelencia. Es importante notar dos cosas. La primera es que no existen virtudes en abstracto. Estas se adquieren movidos por el deseo de un bien concreto, conocido o imaginado. No tiene mucho sentido intentar educar la paciencia en abstracto, pero un niño que quiera ser pianista llegará a adquirirla como cualidad necesaria para cumplir su sueño. En segundo lugar, no se deben confundir las virtudes con las habilidades. Estas garantizan una buena técnica musical, lo cual es necesario pero no suficiente para ser un buen pianista. Pues para llegar a ser un buen pianista es necesario aprender a vivir una serie de relaciones personales cuya clave no está en las habilidades técnicas, sino en una serie de virtudes como la humildad, la justicia, la perseverancia, la honestidad y otras muchas. Así pues, una práctica es fecunda cuando ayuda a generar las virtudes necesarias para alcanzar su bien interno. Esto nos lleva de la mano al siguiente aspecto de las prácticas: la cooperación.

3. Las prácticas como actividades cooperativas

Las prácticas se configuran como actividades cooperativas por dos razones: la primera es porque nadie nace sabiendo, es necesario aprender, lo que implica una cooperación tanto con el maestro como con el resto de participantes en la práctica. La segunda es que el bien interno de la práctica es tan rico y complejo que no puede ser realizado en solitario. Nadie alcanza la excelencia en solitario y nadie vive la vida propia de una práctica en solitario.

Necesitamos aprender lo que ya hemos visto en el apartado anterior: a reconocer el verdadero bien de la práctica y las virtudes necesarias para alcanzarlo. Son precisamente los maestros los que conocen el bien de la práctica que enseñan y el camino para llegar a él. El arte del maestro consiste en ser capaz de mostrar de tal modo la belleza de lo que vive y enseña, que el deseo del alumno no sea ya el de complacerle y obtener así una recompensa, sino el de vivir también él ese bien de manera excelente. «Las buenas prácticas se transmiten a través de una buena tradición de enseñanza» (MacIntyre 1999).

El maestro puede ser entonces un modelo de excelencia que genere en los alumnos la experiencia del bien y despierte su deseo. De ese modo los alumnos, recibiendo cada uno tal experiencia de manera distinta y contando con habilidades diversas, se lanzan a la conquista de la excelencia iniciando así una competencia muy particular. Es un tipo de competencia en el que el objetivo es una excelencia que, de alcanzarse, beneficia a todos los demás participantes porque ayuda a desarrollar y mejorar la misma práctica (MacIntyre 2001). Una práctica es fecunda cuando promueve en sus participantes un tipo de competencia cuyo objetivo no es sobresalir a costa de los demás, sino ayudar a los demás a sobresalir con los propios logros (MacIntyre 1999). Esto sucede cuando lo que se busca es el bien interno, pero se corrompe cuando se busca princi-palmente bienes externos como el dinero o la fama, porque en ese caso los propios compañeros se convierten en potenciales rivales.

Es en este punto en el que tienen un papel esencial las virtudes a las que aludíamos antes. En cuanto son actividades cooperativas, las prácticas implican un conjunto de relaciones entre sus miembros. Aprender a vivir estas relaciones, es decir, aprender qué lugar ocupa cada uno en la práctica y lo que le corresponde hacer, es algo que solo se obtiene gracias a las virtudes relacionales. Sin ellas la cooperación no es posible y sin cooperación el bien interno es inalcanzable. Un futbolista, para llegar a ser grande, necesita adquirir aquellas virtudes que le permiten vivir en sintonía con el resto del equipo, del cual aprende y recibe ayuda.

¿Por qué insistir en este aspecto de las relaciones personales desde la virtud? Porque se puede llegar a trabajar en equipo compartiendo una actividad, sin pretender compartir un tipo de vida, es decir, el bien interno de esa actividad. John Locke, uno de los padres del liberalismo, entendía la propiedad privada como un aislamiento de lo común donde el mundo de lo privado podía ocultarse y protegerse de la esfera pública (Arendt 2005). Es cierto que la fórmula del liberalismo ha favorecido la productividad (conviene aquí recordar al menos la teoría de "la mano invisible" de Adam Smith) pero también lo es que no todo lo productivo es fecundo. Entender la propiedad privada como un aislamiento de la esfera común puede llevar a entender la propia actividad como algo aislado del bien común, e incluso la propia vida como algo ajeno a la esfera pública, que se puede ocultar y se debe proteger de ella. En este sentido, el modo de vida más ajeno a la esfera común era (y sigue siendo) el hedonismo, pues se centra en el propio cuerpo y en las propias sensaciones de dolor con el fin de evitarlas. Como dice Hannah Arendt, "la felicidad lograda en el aislamiento del mundo y disfrutada en el interior de la privada existencia de uno mismo sólo puede ser la famosa «ausencia de dolor», definición con la que han de estar de acuerdo todas las variaciones de consistente sensualismo. El hedonismo, doctrina que sólo reconoce como reales las sensaciones del cuerpo, es la más radical forma de vida no política" (Arendt 2005). Esto implica una concentración casi absoluta en las experiencias del propio cuerpo y, en consecuencia, una incapacidad radical para percibir casi nada más que dichas experiencias. Pero entonces, el tipo de vida hedonista incapacita precisamente para el tipo de experiencia del bien del que venimos hablando y que se hace posible en la cooperación con otros, especialmente en la relación con el maestro. Por el contrario, la actividad cooperativa implica una radical oposición a ese tipo de hedonismo entendido como cerrazón al mundo y conlleva una apertura a los demás convirtiendo esas relaciones en un inagotable manantial de experiencias. La actividad cooperativa es elemento esencial del bien interno porque tal bien es un tipo de vida buena en comunión. La pregunta que habría que hacerse es: ¿cuál es el bien interno de cualquier actividad realizada por una persona consagrada al hedonismo? Es la ausencia de dolor, pero eso supone el aislamiento de todo y de todos, en cuanto fuentes potenciales de sufrimiento. La siguiente pregunta sería: ¿puede ser fecunda una actividad basada en el hedonismo? Si lo que caracteriza este planteamiento de vida es un aislamiento radical en las propias experiencias, parece difícil que pueda llegar a ser realmente creativo o que pueda fecundar nada, pues la fecundación conlleva donación, despojamiento y sufrimiento. El sensualismo o hedonismo no es solo la muerte de la vida política sino, sobre todo, lo más contrario a la felicidad humana.

4. Prácticas y narrativa

El apartado anterior nos ha llevado a la conclusión de que la fecundidad depende, en gran medida, de una actividad cooperativa cuyo fin es el bien interno que incluye, entre otras cosas, un tipo de vida buena. Pero esa cooperación no es posible sin entender la propia historia y el papel que las historias ajenas ocupan en ella. Una práctica es un cruce de relaciones, que es lo mismo que decir un cruce de narrativas. Cada miembro llega a ella construyendo su vida y buscando su bien y solo podrá lograr ambas cosas comprendiendo las historias ajenas y el lugar que "su bien" ocupa en el bien de los demás y en el bien común. Todos tenemos que llegar a aprender qué significa que nuestra vida es una narración, qué personajes intervienen en ella y cómo lo hacen y, sobre todo, cuál es el fin de esa narración, su bien último. Todo esto se aprende en las prácticas. Estas son en sí mismas narraciones cuyo conjunto conforma nuestra vida y en ellas, viviendo sus relaciones, adquiriendo sus virtudes y buscando sus bienes, aprendemos lo que es vivir una vida completa.

El que se inicia en la práctica del montañismo desde pequeño, se inicia en una actividad en la que son claves la confianza en los compañeros, la humildad ante la montaña y las propias fuerzas, la lealtad, el espíritu de sacrificio, el valor y la prudencia. Comprende que no puede enfrentarse a la montaña sin conocer previamente la historia del montañismo con sus éxitos y fracasos, que pueden ser los suyos. Adquiere una meta: superarse y alcanzar la cima. La montaña es una escuela de vida. La práctica del montañismo enseña a vivir y, en la medida en que lo hace, es fecunda. Lo es en el tipo de experiencias que proporciona, en la sabiduría que contiene y en las amistades que forja. Es fecunda, sobre todo, porque lo que en ella se aprende y adquiere, se aplica al conjunto de la vida como un todo, es decir, a la narración de la vida. Tenemos que volver de nuevo al concepto de bien interno de la práctica para reflexionar sobre esta cuestión. Si un montañero casado y con hijos busca en la montaña un bien externo a esa práctica, como el dinero o la fama, es más que probable que ambas narrativas, la del padre de familia y la del montañero, entren en conflicto. Quizás arriesgue más de lo debido, quizás pase más tiempo fuera de casa del que sería prudente. Y el problema no es que el riesgo y la ausencia sean elementos que deban excluirse en el montañismo, es más bien el motivo por el que se asumen. Un montañero casado que busca la excelencia como escalador, descubrir nuevas técnicas, lograr nuevas cimas por el bien del montañismo y vivir la vida propia del montañero, sin importarle demasiado el dinero y la fama, tendrá más posibilidades de tejer bien sus narrativas. Asumirá que en ciertos momentos debe abandonar el ataque tan deseado a la cima para no poner en riesgo su vida y la de sus compañeros. Es decir, habrá adquirido una virtud esencial en la montaña: la prudencia. Probablemente querrá educar a sus hijos en el espíritu y virtudes de la montaña aún cuando no compartan su afición, tejiendo así su práctica familiar con su práctica montañera. En esa educación aplicará la misma prudencia aprendida en la cordada. Las virtudes (o capacidad humana para lograr la excelencia, como decía la definición que ofrecimos al comienzo), se extienden sistemáticamente a otros ámbitos, así como el concepto de bienes y de fines que estas conllevan. La narrativa de una práctica nos habilita para vivir mejor otras narrativas, nos ayuda a entender su excelencia. En esto consiste en parte su fecundidad.

Por eso una práctica, sea la que sea, es fecunda cuando evita la fragmentación de la vida, cuando enseña que para lograr su bien, el participante tiene que ser uno y el mismo en todas las circunstancias. Lo que se aprende en una práctica es la virtud de la integridad y esta virtud se acaba extendiendo a todos los ámbitos de la vida. De ese modo el montañero, acostumbrado a afrontar cimas difíciles, entiende como el reto de su vida, como su cima por excelencia, el bien de su familia y la educación de sus hijos, y lo hace aplicando las virtudes de la montaña. No es una persona en la escalada con sus amigos y otra muy distinta en casa con su mujer. No se enfrenta a un paso difícil con decisión, y abandona, sin embargo, ante una situación difícil con sus hijos. Ese es el tipo de fragmentación del hombre moderno caracterizado por la virtud camaleónica, la de cambiar de criterios y de forma de ser en cada situación (MacIntyre 1966). La fecundidad de una práctica está en que logra integrar todas las narrativas en torno a un bien. El hombre roto o fragmentado no puede ser fecundo. O el que corona la cima es el mismo que educa al hijo, o no será ni verdadero padre ni auténtico montañero.

5. Prácticas y fidelidad

El bien interno de toda práctica requiere tiempo, es el bien de una vida, una excelencia forjada con esfuerzo, en medio de errores y aciertos. Requiere una firme determinación, paciencia, fortaleza y constancia en su persecución. Pero, junto a todo ello, requiere compromiso y fidelidad. Necesitamos recuperar el concepto de vocación para la vida del hombre. Es el bien, intuido primero y conocido después en determinado tipo de práctica, el que nos llama a dedicarle la vida o, al menos, parte de la misma (como parte indivisible de un todo). Este bien pide una entrega, una disposición más allá de cualquier razón calculadora, pues es la misma vocación la que establece las variables de un cálculo que superará quizás lo que un "sentido común" malentendido y timorato aconsejaría. Las prácticas deben ser esos ambientes en los que el bien hace despertar la vocación por alcanzarlo, poniendo a los jóvenes en situación de aceptar las variables inmensas que tal bien exige. Es entonces cuando la vida se hace grande y fecunda. Es la generosidad sin cálculos la que hace posible las grandes vocaciones como sacerdote, soldado, médico, etc. Pero es importante comprender que el ámbito de la vocación es el de la praxis, no el del ejercicio de una mera habilidad técnica. La vocación llena la vida y por eso su llamada afecta a todas las dimensiones de la persona. Podemos decir entonces que una práctica es fecunda cuando alumbra vocaciones, es decir, cuando genera una llamada a consagrar la vida a su bien interno.

Asumir tal compromiso es lo que permite ser fecundo, romper amarras con miedos y pequeñeces. El problema del hombre contemporáneo en general, y de la juventud en particular, no es la megalomanía, sino la micromanía, es decir, creerse personas pequeñas e insignificantes incluso para la vida misma de su comunidad (MacIntyre 1989). El compromiso que conlleva la vocación se asume con la realización de un voto por el cual nos consagramos a ella. Es un voto que Marcel ha llamado "voto creador" y que aplica a la paternidad (Marcel 2005). Con tal voto, el padre acepta su paternidad como un don que le exigirá toda la vida y todas las fuerzas, más incluso de las que dispone. Este voto del hombre es lo que permite distinguir el acontecimiento de la paternidad de la mera reproducción, y esta distinción es análoga a la que ya hicimos entre la creación y la producción. Lo producido escapa rápidamente del ámbito de la responsabilidad de su hacedor, rompe los vínculos con él en cuanto pasa a otras manos. La creación implica un continuo hacerse, un no estar nunca acabado y, por eso, la responsabilidad del creador sobre su creación nunca desaparece del todo. En este sentido, la paternidad se parece a la creación en cuanto la responsabilidad del padre respecto al hijo se prolonga durante la vida de ambos e incluso, en cierta manera, sobre los actos de aquel. Esto implica una entrega incondicional capaz de enfrentar el miedo que genera la incertidumbre ante el futuro, ante lo no previsible. Surge la pregunta de si es posible hacer ese voto sin conocer lo que sobrevendrá. La respuesta es, sencillamente, que sin ese "voto creador" no hay posibilidad de futuro.

¿Cómo ilumina esto la fidelidad y su relación con la fecundidad de las prácticas? La fidelidad no debe entenderse como un mero aguantar en el tiempo una situación de hecho creada por la aceptación de un compromiso. Permanecer en una relación "de mala gana" puede entenderse como una fidelidad en sentido débil, pero no en sentido propio. Tampoco debe confundirse la fidelidad con el con-

Las prácticas como mediación de la fecundidad

formismo (Marcel 2005). Eso conduciría a un progresivo e inevitable desgaste que llevaría a la persona a odiarse a sí misma por haber adquirido un compromiso, y al otro por convertirse en el carcelero de su libertad. La fidelidad auténtica nace de ese "voto creador" por el que uno se entrega totalmente. El alma de ese compromiso, el aliento que lo anima, es el deseo de seguir creando, de continuar generando nuevos bienes, el no considerar jamás la obra acabada ni detenerse en su contemplación satisfecha. Significa que nunca podemos "instalarnos" (uso aquí el término en un sentido diverso al sentido técnico usado por Julián Marías) en una meta ya alcanzada pensando que hemos colmado nuestra medida. Esto, ya lo dijimos, sería el fin de la persona, sería aceptar que su misterio es limitado y que es posible agotarlo, lo que llevaría a la persona a su cosificación y "amueblamiento". Una malentendida fidelidad a sí mismo podría degenerar en este tipo de anquilosamiento o conformismo, al mantenerse la persona firme en unos principios adoptados de una vez para siempre y no sujetos a revisión periódica. Lo que nos impediría tal "fidelidad" sería la realización de un saludable cuestionamiento diario de nuestro modo de vida e intenciones. "[…] El juego de la vida social contribuye a favorecer esta sustitución de lo personal por lo automático […] y es así como la sociedad, de la que es cómplice toda una parte de mí mismo, tiende a apartarme de hacer esta revisión interior a la que me vería obligado si no me las arreglara para perder contacto conmigo mismo" (Marcel 2005). Las prácticas por el contrario, con su tejido de relaciones, nos obligan a hacer esta revisión continuamente, a reconocer nuestros errores en las correcciones de los demás y a seguir avanzando en el camino de la fidelidad a la excelencia.

Este tipo de fidelidad resulta ser creadora y como tal forma parte del bien interno de la práctica, pero solo resulta comprensible para el que participa en ella: "Sí, es necesario decirlo, vista desde fuera toda fidelidad se muestra como incomprensible, impracticable;

como una apuesta, por lo demás escandalosa" (Marcel 2004). La creatividad de la fecundidad reside en el hecho de que su objeto es un compromiso que va más allá de la mera permanencia, como ya hemos dicho. Este compromiso tiene por objeto el logro del bien interno de la práctica, y no la simple participación más o menos intensa en la misma. Es más, se podría decir que no es auténtica participación aquella que no busca en cada momento su bien interno, es decir, la excelencia y la vida buena. Por eso tal fidelidad es creativa, porque se ha comprometido a no cejar en su empeño de seguir buscando, mejorando, avanzando. Tal fidelidad implica conocer la historia de esa práctica y aceptar entrar a formar parte de ella. Lo dicho hasta ahora se ve claramente con un ejemplo. Una de las prácticas más antiguas que existen es la formación de una familia (y por extensión de un clan, de una polis, de una nación...). El compromiso que se adquiere en esa práctica es el de buscar el bien de la familia. Son los padres los que deben enseñar a sus hijos a participar de este compromiso y esta fidelidad aprendiendo su papel en la familia y asumiéndolo de manera activa. Lo que el hijo debe aprender a preguntarse en el seno de su familia como participante en esa práctica es: ¿de qué historia formo parte y a qué tipo de historia voy a contribuir? ¿Cómo puedo concebir lo que hago para que contribuya significativamente a esa historia? (MacIntyre 1989). Lo dicho respecto de la familia vale para cualquier otra práctica que pueda pensarse. No es posible la creatividad sin la fidelidad, y esta no es tal sin la creatividad. La fecundidad de una práctica reside en gran medida en estos dos elementos inseparables. Sin embargo, cuando decidimos romper un compromiso, rompemos, al mismo tiempo, nuestra propia narrativa, fragmentando nuestra vida, ya que "suprimir cualquier compromiso significa hacer entrar la anarquía pura y simple en las relaciones personales" (Marcel 2012).

6. Las prácticas de las prácticas

La fidelidad creativa como característica de las prácticas que pretendan ser fecundas nos lleva a la consideración acerca de aquellas prácticas que integran una práctica, es decir, "las prácticas de las prácticas". Ya hemos visto que toda práctica tiene una historia, forma parte de una tradición de la que se nutre. Es difícil que el conjunto de una práctica llegue a quedar en desuso y obsoleta, pero no lo es tanto que sus actividades, las "prácticas de las prácticas" lleguen a serlo. La agricultura es una práctica, la arquitectura otra y la medicina otra. No parece que vayan a caer en el olvido, pero es innegable que muchas de sus formas y actividades han sido superadas. Han tenido que ser actualizadas y mejoradas para poder responder a nuevos retos y el modo en que lo han hecho les ha dado una mayor fecundidad. Es un proceso que no se puede detener porque el peligro no es la desaparición de una práctica, sino la ausencia de fecundidad de la misma y lo es, aún más, que sus miembros no se percaten de ello.

No se trata de reinventar el bien interno de la práctica que ya viene dado por la tradición, sino de profundizar en él hallando nuevos matices, y de actualizar las acciones que lo hacen posible. Es este un aspecto esencial de las prácticas que ya vimos en la definición inicial cuando dijimos que en su ejercicio "los conceptos humanos de fines y bienes que conlleva se extienden sistemáticamente". El bien interno es más rico y más grande de lo que se ve pues, en último término, participa del bien absoluto. ¿Es posible entonces que en el ejercicio de la práctica se pueda profundizar cada vez más en ese bien descubriendo nuevas facetas y matices? No solo es posible sino que es deseable e incluso necesario.

El reto es el de hallar un equilibrio entre lo antiguo y lo nuevo, entre lo que la tradición ha logrado hasta el momento presente y lo que es necesario renovar. El peligro es el de desnaturalizar la práctica con un doble extremismo: un tradicionalismo que impide avanzar y un progresismo que desprecia todo lo anterior como etapas ya superadas en el proceso de avance imparable de la razón (ideal tanto de la ilustración como del positivismo comptiano). Nos pueden servir aquellas palabras del Señor en el Evangelio: "Ya veis, un escriba que entiende del reino de los cielos es como un padre de familia que va sacando del arca lo nuevo y lo antiguo" (Mt 13, 52). Se trata de aprender cómo lo antiguo puede iluminar lo nuevo, de cómo aplicar la sabiduría adquirida a lo largo de los años a las nuevas circunstancias. Este recurso a la tradición de una práctica es requisito necesario para su fecundidad porque la tradición son como las raíces por las que nos llegan los logros que se han adquirido con el tiempo.

Hay dos aspectos que debemos tener en cuenta en este camino de renovación de las prácticas. El primero es el de considerar si esta labor de actualización o renovación es, en sí misma, una práctica. Porque una práctica puede actualizarse de manera espontánea con nuevos avances o descubrimientos, pero también puede ser que determinadas personas se dediquen activa y específicamente a reflexionar acerca del modo más adecuado para actualizarla según las nuevas circunstancias. El primer camino puede parecer el más natural pero puede ser también el más largo. Esperar a que suceda algo que cambie una práctica o la haga evolucionar no parece demasiado "práctico". El segundo camino parece más acertado aunque puede resultar más árido. En cualquier caso requiere grandes cantidades de creatividad y de conocimiento del verdadero bien interno de la práctica para no equivocar la perspectiva.

El segundo apartado se refiere a un posible camino de crecimiento y renovación de las prácticas de las prácticas. Si uno de los elementos esenciales de las prácticas son las virtudes y si estas, aunque nacen en una determinada práctica, se extienden a todos los demás ámbitos de la vida, ¿no es posible que suceda algo parecido con los bienes de las prácticas y las experiencias vividas en ellas? Es decir, ¿existe una cierta permeabilidad entre las prácticas, de modo que las experiencias del bien en unas pueda iluminar a las otras? En este aspecto puede ayudar la imagen de la metáfora. Una práctica puede convertirse en una metáfora que ilumine otra dando lugar a nuevas ideas. Lo vimos ya con el ejemplo del montañismo y la familia. La montaña es la imagen de la vida, y subir una montaña puede iluminar la fundación de una familia. Hay algo de análogo en ambos bienes internos que puede facilitar una comunicación de experiencias entre ellos. Es preciso, sin embargo, que la analogía no traspase sus límites atentando a la naturaleza de las prácticas. Quizás sirva un ejemplo. En el año 1956, Miguel de la Cuadra Salcedo batió el record de España de lanzamiento de jabalina alcanzando los 82,8 metros. Un poco después llegó a los 112,3 metros. En aquel momento el record mundial olímpico estaba en 85,71 en manos del noruego Egil Danielsen. ¿Cómo llegó de la Cuadra Salcedo a esa marca? Utilizó el estilo que se usaba para el lanzamiento de barra vasca, un estilo peculiar parecido al que se usa para el lanzamiento de martillo y que consistía en girar sobre sí mismo con la jabalina alrededor de la cintura hasta soltarla en un momento determinado. El atletismo mundial y la federación internacional quedaron conmocionados. El nuevo estilo llamado "estilo Eurasquin o español" no solo amenazaba la hegemonía noreuropea en ese deporte, sino el mismo estilo que se consideraba tradicional. Dos tradiciones entraron en conflicto: la del lanzamiento clásico y la del estilo español. El concepto seguía siendo el mismo: lanzar la jabalina lo más lejos posible. ¿Por qué entonces la Federación internacional decidió no homologar el "estilo español" y prohibir su uso en las olimpiadas? Alegaron que era demasiado peligroso por su falta de precisión al lanzarse dando vueltas. Pero en realidad lo que había sucedido es que las mejores marcas logradas hasta el momento con el estilo clásico habían sido ampliamente superadas por un nuevo estilo "copiado" de otra tradición, la del lanzamiento de barra vasca. Los resultados eran mejores, la práctica seguía siendo la misma... A veces es el miedo o el prejuicio lo que impide esta comunicación entre prácticas e incluso el diálogo entre tradiciones. Con todo, el ejemplo sirve para ilustrar la idea propuesta: las prácticas son una fuente inagotable de experiencias y de inspiración tanto para su propio progreso como para el de las demás. Se necesitan personas que estén especialmente atentas a buscar las analogías y a liderar los cambios.

Conclusión

El rey Midas quería más oro y halló el modo de producirlo en abundancia, pero su vida y la vida de los demás pagaron el precio de su éxito. Lo que podía haber sido una vida fecunda produjo oro y muerte en la misma proporción. En este capítulo hemos planteado que la fecundidad no es fruto de la casualidad y que no puede reducirse a una productividad lograda gracias a ciertas habilidades. La fecundidad necesita mediaciones que transformen lo que es meramente fértil o incluso estéril en algo capaz de dar fruto abundante.

Las prácticas, tal y como aquí las hemos presentado, pueden ser esa mediación. Hemos analizado sus elementos: un bien interno buscado por sí mismo y no como simple medio para algo más que integra la excelencia de unos resultados y un cierto tipo de vida buena; una actividad realizada en cooperación con otros que hace posible el aprendizaje de lo propiamente humano y la realización de un bien demasiado grande para ser alcanzado en solitario; finalmente, la excelencia, fruto de unas cualidades llamadas virtudes que no solo permiten alcanzar el bien interno sino que, extendiéndose a todos los ámbitos, hacen buena la vida del hombre. Dijimos también que esto era necesario pero no suficiente. Se necesita vivir la fidelidad entendida en un cierto modo, como un "voto creador" y es preciso contribuir incansablemente al mantenimiento y actualización de las prácticas para hacer su bien siempre accesible en las nuevas circunstancias. Haciendo eso la experiencia del bien será siempre fresca y capaz, por ello, de generar experiencias que despierten la creatividad haciendo posible la fecundidad. Ser fecundo es ser capaz de generar, y la generación es un modo de creación, algo muy distinto a la producción. Dios nos ha llamado a ser fecundos, es decir, a ser co-creadores con Él, a dar mucho fruto. Nos ha dado la misión y los talentos para ello, es necesario poner ahora los medios, y estos son las prácticas.

Bibliografía

ARENDT, H., *La condición humana*, Barcelona, 2005.

MACINTYRE, A., «Compartimentalization, fragmentation and the unity of the moral life», no publicado, 1966.

_____, «The recovery of moral agency? The Dudlenian lecture», *Harvard Divinity bulletin*, April 16 (1999), 111-136.

_____, *Tras la virtud*, Barcelona, 2001.

_____, «Values and Distinctive Characteristics of Teaching and Learning in Church-Related Colleges», Vanderbilt University, 1989.

MARCEL, G., *De la negación a la invocación* en *Gabriel Marcel, Obras selectas vol. II*, BAC, Madrid, 2004.

_____, *Homo Viator*, Salamanca, 2005.

_____, *La dignità umana e le sue radici esistenziali*, Roma, 2012.

ÍNDICE

TÍTULOS PUBLICADOS

NINGUNA FAMILIA ES UNA ISLA
Raíces de una institución en la sociedad y la Iglesia
J. Granados

JESÚS Y EL ESPÍRITU: LA UNCIÓN
L. F. Ladaria

NO SÓLO DE SEXO
Hambre, libido y felicidad: las formas del deseo
J. Noriega

EL MISTERIO DE UNA AMISTAD:
Discípulos en el Señor
J. Noriega — L. de Prada (coed.)

TEOLOGÍA DE LA CARNE
El cuerpo en la historia de su salvación
J. Granados

MINORÍAS CREATIVAS
El fermento del cristianismo
L. Granados — I. de Ribera (coed.)

PAISAJE DE ETERNIDAD
R. Guardini

LLAMADOS AL AMOR
Teología del cuerpo en Juan Pablo II
Carl Anderson — J. Granados

EL CORAZÓN
Urdimbre y trama
C. Granados — J. Granados (coed.)

BETANIA: UNA CASA PARA EL AMIGO
Pilares de espiritualidad familiar
  J. Granados – J. Noriega (coed.)

RETORNO AL PRINCIPIO
La revelación del amor en la Sagrada Escritura
  L. Sánchez

EL SIGNIFICADO DEL AMOR
  V. Soloviev

LA ALIANZA EDUCATIVA
Introducción al arte de vivir
  J. Granados – J. A. Granados (coed.)

LA ESPERANZA, ANCLA Y ESTRELLA
En torno a la Encíclica *Spe salvi*
  J. Noriega – J. Granados (coed.)

Didaskalos minor:

SIGNOS EN LA CARNE
El matrimonio y los otros sacramentos
  J. Granados

Didaskalos literatura

MABEL, LA PRINCESA DE ÍNCAPUT
  R. Hidalgo

NUESTROS ACTOS NOS SIGUEN
  P. Bourget

Didaskalos infantil:

CRISPÍN Y EL DRAGÓN AGAMENÓN
  R. Hidalgo

www.ingramcontent.com/pod-product-compliance
Lightning Source LLC
Chambersburg PA
CBHW072140090426

42739CB00013B/3230